JN438509

소예 전선자 시집

묵언하다

소예 전선자 시집

묵언하다

신아출판사

구름천사

초대화가 노의웅

내가 처음 그린 그림은
도화지도 없고
크레용도 없고
연필도 필요 없는
파란하늘이었다.

송이송이 구름이 작은 동물과 같고
구름천사와 고운 꽃들이 하늘에서 내려오고

내가 살아가면서
마음 깊이 담아 두었던 귀한 것들을
하늘에서 배웠다

내가 처음 그린 그림은
풀밭에 누워 구름을 보고 만물의 형상을
그려보았던
오직 사랑만이 있는 그림학교였다.

초대화가 노의웅 프로필(Profile)

- 국립현대미술관, 예술의전당개관초대전
- 프랑스르망시청, 파리중견작가초대전(5에뚜왈)
- 일본 예술 공로상 수상
- 한가족 5인전(2004), 한가족 6인전(2010)
- 오지호미술상, 광주시민대상, 미술대전 심사위원
- 세계 열린미술대축제 운영위원장
- 세계 미술연맹수석부이사장
- 호남대학교 예술대학학장역임
- 전국 무등미술대전 운영위원장
- 한국 미협 고문

* E-mail:roeuiwoong5244@hanmail.net

서시

태양보다 더욱 큰 사랑이
우주를 품에 안고 배앓이를 하다가
어느 날 문득
첫 울음 터뜨리며 운명의 꼭짓점에서
나는 태어났다.

전주에서, 무주에서
굽이굽이 낯선 길 더듬어
명멸明滅하는 가로등 불빛 그림자처럼 살아온
70년의 희로애락

저 무한영겁의 길 휘어잡고
놀진 하늘 서쪽으로 기울어진
서럽게 아름다운 나의 가깝고도 머나먼
무명無明의 길에서
나는 오늘 또 다시 태어난다.

차례

제2부 어둠이 좋다

제3부 숲으로

제4부 가을의 향기

제1부

가을비

백련사 풍경

구천동 계곡 녹음으로 몸을 씻고 시오리, 백련사 고즈넉한 대웅전 처마 끝에 주지스님 눈 꼭 닮은 물고기가 낮은 사바 살피고 있다. 사방을 훑어보아도 걸릴 것 없는 하늘바다에 생명의 유와 무를 가르치면서

바람만 스쳐도 풍경은 제 몸을 쳐 멍이 들고 독경 소리만 들어도 차르랑 흐느낀다. 듣고 엿보는 이 없지만 백련사 사시예불에는 풍경도 슬며시 내려와 날이면 날마다 육안肉眼으로 천안天眼으로 혜안慧眼으로 법안法眼으로 불안佛眼으로 어두운 세상 따뜻이 밝힌다.

눈이 맑아진 나는 마음으로 촛불을 켜고 합장, 천수경을 염불하고 나면 풍경도 나를 따라 반야심경을 읊는다. 백련사 풍경이 온 세상 안고 아름답게 고요하다.

가을비

나뭇잎들의 잔재를 비로소 보았다
곁에 다가와 펄럭이는 것들
나비도 아니면서 꽃잎도 아니면서
그저 아래로 내리꽂히며 누워버리는 저
작은 마을에서부터 훑고 지나간 추억 같은 것
이랑을 타고 고개 넘어 동네 고샅에 숨어 있다가
하수구로 스며들어 몸살 앓는 곳
늘어선 앳된 가로수 행렬을 지나
이 계절 낙엽 하나 강둑에 걸터앉았다
지난날들이 어둠을 먹고 갈대가 몸 비비는
고요하고 고요하여 더욱 쓸쓸한
빈집 지나 숨죽이는 이유는
영원의 무상에 가까워졌다는 것
영성의 탑에 천년 미진微塵으로 머물게 되었다는 것
어깨동무하고 가는 저 물방울들 좀 봐
연잎에 흔들리는 저 환상의 무리 좀 봐.

새와 거미

아파트 베란다에 둥지 튼 오목눈이 황조롱이
거미줄에 얽혀 무시를 당한다
한 입에 덥석 물릴 거미
어딘가에 숨어 망을 보고 있으리니
여기도 사투가 벌어지는 곳

오늘 만난 윤회輪回
세상만사는 조용조용 숨고
떠드는 자만 언제 사자死者가 될지 알지 못 한다
세상은 머리 굴리는 자의 것
내세來世는 새와 거미로 돌고 돌지니.

숲에서 배우다

숲 속에 서서

희망 - 하늘 향해 뻗어가기
직심 - 설 수 있는 대로 곧추서기
생명 - 땅 깊이 뿌리박기
수용 - 바람 따라 흔들리기
애정 - 부담 없이 몸 비비기
건강 - 햇빛 받고 표정 짓기
이타 - 최대한 향내 품기
인내 - 말 참고 침묵하기

큰 나무 곁에 작은 나무 서다
작은 나무 밑에 들풀 풀꽃 피다
얼키설키 모여 사는 평온한 숲 동네
꿈 이야기로 숨이 가쁘다

여름이나 겨울이나.

설천봉 구상나무

덕유산 만선봉 구상나무 세 그루
온갖 바람, 추위, 더위
핍박 다 받으면서도 우뚝 선 나무
살아 천 년 죽어 천 년을 지냈어도
하늘을 찌를 듯 올곧다.

죽어서도 살아남아 우뚝 서기까지
많은 세월 계절로부터의 폭행, 아픔, 괴로움,
신성한 자존감으로 오는 시기, 질투, 봉사의 강요까지
어렵게 감내하면서 날개 달고 싶은 꿈 접고
눈 먼 봉사, 귀머거리, 벙어리, 바보
속 뜨거운 그대가 되었을까?

먼 구름 벗 삼고 보니
세상사 다 잊고
홀로 남아 단단해지기
사람이 그리운가 보다
사랑이 보고 싶은가 보다
한없이 단단해져서 나를 부르네.

바람의 뒷모습

바다에 갔다, 바람 부는 날
바람맞아 온 몸이 얼얼했다
바다는 출렁거리고 심히 악다구니를 쓴다
갈매기가 물살 따라 출렁, 리듬을 탄다
바람이 따귀를 쳐도 끄떡없이
제자리를 지키는 새

무엇이 희고 검다할 것인가
없고 있다할 것인가
생각도 없고 그저 상相만 바다 한가운데서
바람에 부대껴 출렁거릴 뿐
스치고 지나와 눈에 보이는 것들 모두
파란 하늘이 아니고 무엇이랴.

가을, 꽃, 여인

꽃
지자
머리에
단풍 한 잎
꽂은 여인이 간다
웃음이 꽃만큼 진하다
새들이 지저귀는 노래로 잎이
하르르 진다, 물은 흐르고
낙엽이 길을 덮고
그 위에 잎이
또 지고
가을
꽃.

기다림

비가 내린다 가뭄 끝의 단비, 어둠을 가르고 내리는 저 비, 기다림의 불꽃이다. 온갖 생명들의 목마른 사랑은 그렇게 기다림의 몫으로 오고 우연의 일치는 아니다. 인연 따라 세월 따라 흐르는 것, 어찌 평행의 삶만 기대할 것인가. 산을 넘으면 마을이 기다리고 계곡에 들어서면 담수가 있는 것처럼 삼라만상 기다림 속에 희망이 존재하는 것

아래로 낮게 겸손해져서 고통의 골짜기를 건너다보면 피안彼岸의 세계에 이르게 되는 것. 인생은 일체유위법一切有爲法 여몽환포영如夢幻泡影 여로역여전如露亦如電 응작여시관應作如是觀*이라 했던가. 오늘도 무無의 속내가 환한 내 기다림은 침묵을 눈 감고 있다.

* 금강경에 나오는 사구게의 한 가지
일체유위법(一切有爲法): 일체 현상계의 모든 생멸법은
여몽환포영(如夢幻泡影): 꿈이며 환이며 물거품이며 그림자 같고
여로역여전(如露亦如電): 이슬 같고 번개 같으니
응작여시관(應作如是觀): 마땅히 이와 같이 볼지어다.

묵언하다

농아聾兒는 세상 묵언을 수행한다
가슴에 큰 산 더께 껴안고
심해의 체념에 눌리고 찌그러지고
세월의 발길에 채이면서도,
말 없는 말을 토한다
뜨거운 몸짓으로

농아는 이 세상 모든 어머니를 향해 묵언 수행한다
공즉시색空卽是色 색즉시공色卽是空
산은 산, 물은 물인 것처럼
눈물보다 더 차가운 함성으로
온 세상 마음 품고
말 없는 말을 토한다
적막에 깃든 가슴 두드리며
눈빛으로 말한다.

미스 킴 라일락

우리 집 화단 모퉁이
연보랏빛 라일락 5월 찾아왔다
재래종 라일락은 내 키보다 훌쩍 큰데
신품종이라 아담하고 향도 짙다

서울 아저씨 작년 봄에
미스 킴 라일락 심어주고 가신 뜻
그 향에 취해 육년쯤 비틀거리라고
그래야 중도中道를 알게 되리라고
깨달음의 꽃, 인연의 꽃

그 나무 만남다방 키 작은 미스 킴 닮아
붙여진 이름이라지만
순수 우리말로 따지자면 '김양 수수꽃다리'
신통 기묘한 것

향기가 우주의 코를 잡고 흔드는구나

김양 수수꽃다리 곁에 선 나는
한동안 취해 비틀배틀
넋을 잃고 말았다.

난蘭

– 대원위대감大院位大監: 이하응의 난

병문안 온 친구의 난분
겨울 동안 주인 되어 안방 차지했다
매끈하게 쑥 자란 꽃대가
서슬 퍼런 석파石坡*의 기품이다

쇄국정책만 아니었던들
왕권을 바로 잡으려 했던
몸부림을 누가 모를까
예나 지금이나 홀로 핀 유아독존적
독재가 문제다

안방 주인 무시하고
짙은 향 품는 일도 난감하지만
눈 내리는 날 햇살 그리워 살포시 연
아랫입술 단아하고 품위로운 생
상서롭고 기품 있는 일이지만

아서라, 나라 잃은 설움에
어찌 너 혼자 빼어나 잘난 척하리

당당하게 하늘 바래
고향산천 난 한 포기 치고
겸허히 갈증이나 달래보자.

* 석파(石坡): 흥선대원군의 호.
사군자 중 난을 잘 치기로 유명한 대원위 대감이라고도 함.

금강에게

구름 한 자락 깔고 있더라
봄날씨 아무리 화창하여도
꽃샘추위에는 시련이 따르더라

천지간 봄꽃 잔치가 붉게 무르익어도
어깨동무해야 할 금강
바람 건들 불어 휘청한 풍광에도
흘러간 옛노래 구성지게 불러도
갑자기 닥친 진눈깨비 내림
보듬어 편안해질 수 있다면

장수 수분리 뜬봉샘에서 발원한,
우리의 눈으로
우리의 목소리로
함께 어우러져 흘러가야 할 금강

더불어 하나 될 삶
건강하게 지켜줄 수 있다면.

앵두꽃 피었다

앵두나무 잔가지 사이사이
하얀 불을 지폈다
봄꽃들 잔치에 저도 흥겨워 피었건만
다정한 눈길 주는 이 없다

앵두열매 빨강보다 더 밝게 불 밝혔다
꽃불보다 더 아름답게 꽃이 된 사람
그는 사월, 지상의 화사한 신부다

나의 봄은 우울하다. 봄꽃이
벌써 지고 꽃잎은 시간을 잊고
저를 버리고 열매를 단다

신부는 떠나고
앵두꽃 피었다가 벌써 진다.

새벽 강, 남대천

어스름 밝아오는 남쪽 강변
슬픔처럼 매달린 풀잎 끝의 찬 이슬
햇살 기다리는 연보랏빛 매꽃이 피었다

강둑엔 뭇 생명들이 얽혀 살아도
앞산의 손발을 묶은 안개 띠로
상처 하나 입지 않고 누워 있는 강

소박맞고 돌아온 이웃사촌 남촌 댁 딱해도
부러운 것 하나는 그만이 누리는 자유다
목에 카라*를 쓰고 있어 보니 알겠다
칼 쓰고 정절을 지켰던 춘향보다 아프게
시간 죽이기 했던 지난 석달 열흘

땀 한 방울 갓 떨어진 상수리처럼 싱싱하다
새벽이 유리처럼 투명하게 빛나고
강은 낮은 포복으로 흐르지만

나는 왜 이리 낮아지기 어려운가
엎드려 욕심 버려라 하며
한가로이 흐르는 저 새벽 강 좀 보아.

* 카라: 목 디스크 수술 후 목의 뼈를 고정시키기 위해 목에 쓰는 기구.

남대천 달맞이꽃

세상일이 잘 풀리지 않는 밤, 지샌 새벽
잠자리를 털고나와 남대천변을 걷는다
날개 접은 노랑나비 떼가 지천이다

아직 태양이 반짝 떠오르지 않은 때문일까
노랑나비 떼 누구 흉보느라 냇물과 수런거리나
인생은 마음먹기에 달린 것이라고 떠들던 때가 언젠데
저들이 어떻게 그런 의미를 알고 쑥덕거리는지

뒷집 아낙 젖먹이 두고 어제 세상 떠나갔고
그 길, 또 말짱했던 청년이 뒤따라갔다
길은 험하고 누추하고
눈감아야 하는 칠실지우漆室之憂* 그 누가 안단 말인가
천변 곳곳 원추리, 나리, 환삼덩굴, 망초 꽃 피고지고
나비 떼 일시에 세상 밝히는 새벽

지나간 일상은 변함없이 영원한 것

남대천변 군락의 달맞이꽃, 노랑나비 떼 되어
하루를 환호하며 희망차게 연다.

* 칠실지우(漆室之憂): 제 분수에 맞지 않는 근심.
중국 노나라의 천한 여자가 캄캄한 방에서 나라를 근심했다는 고사에서 유래.

숲길에서

단풍잎이 가을을 떠난다
가벼워 보인다
업을 벗고 낮아지려 함인가
지상에 다 버려지면 마음까지 홀가분해지리라

초겨울에는 찬 공기가 어깨를 짓누르더니
숲은 제 몸을 허공에 걸쳐놓고
깊은 겨울잠을 청한다

별이 빛나고 별똥별이 길게 선을 긋고
그대 없는 허공에서 슬픔이 떨어진다

숲길엔 쓸쓸함이 낙엽과 함께
바람을 구겨 넣고 소리를 죽인다.

가을엔 사람을 만난다

가을엔 사람을 만난다

사람과 만나는 황금벌판
꽃을 만나는 것만큼 시원하다
우리는 날아가다 코스모스 여린 가지에도 앉고
사뿐히 갈대를 흔들기도 한다
이름 모를 정각에 들러 가을바람에 떨어진
낙엽처럼 몸을 부려도 보고
하염없이 흐르는 뭉게구름 위에서 쉬어도 본다

얼마를 같이 떠돌 수 있을지
웬 가을 그리움인지
아무때나 고개 들고 일어서는 잡초처럼
그렇게 빳빳해지는지
다친다, 안 된다 하면서도
정상에만 서면 꺾이고야마는
그 알량한 자존심 같은 그리움

가을에는 가을 같은 사람을 골라 만난다.

제2부

어둠이 좋다

본적 있다

고혹, 그 흔적을 본 적 있다
모래펄에 우뚝 솟은 바위 하나
파도 맞으며 늘어선 성벽
바다 끝에서 시작하여 바다 가운데서 끝난 다리
안개 낀 수평선과 맞물린 하늘
모래 밟고 간 사막과 바람과 그림자
코끼리 몸통과 다리, 코 닮은 돌이 누워 있는 바닷가

보이는 것이 보이지 않게 뿌리박고 있다

본 적 있다
잠자는 공주가 누워 있는 외로운 섬의 성
데미샘 섬진강의 발원지에서 휘어 내린 무지개다리
그 성채, 빛 무리 품은 따스한 풀 한 포기
억 년 설산과 바다의 잔영, 그 가파른 풍경
출렁이며 반짝이는 흔들림과의 미묘한 밸런스
움직이는 것들의 리듬을 엮어서 보내는 메시지

보이지 않는 것 위에 보이는 것 있다.

만경 들바람은

오월 신록은 찬란한 빛의 잔치
자연이 던지는 화려한 반란
새 잎마다 풋풋한 봄 향
사랑 따라 사무치는 그리움 되고

태백산맥 너머 동해가 고향인 해풍과
구천동 넝마쟁이가 줍다 버린 산바람
바래봉 철쭉꽃 따라 슬쩍 하강한 꽃바람도
외유한 황하 강변 황사 풍까지

너른 곳을 향하여
모두 낮은 곳으로 포복하여 모여든
만경 들바람은
땅내 맡은 모포기 위
화려한 초록 융단 깔아 요람을 만들고

그래서 만경벌엔
끼 많은 사람들이 모여 사는가
그리움이 되는가.

어둠이 좋다

명멸해 가는 빛의 언저리
감돌던 밝음의 여운은
긴 꼬리 물고 흘러
낙조로 잠입한다.
깊어가는 밤의 나락으로

그 아무것도
보이지 않을 때
내어 비추지 못할 때
과시가 없는 겸손함
바로 그것, 순결 같은
어둠이 좋다.

귀가歸家

눈도 서서히 황혼으로 물들고
마음은 황홀한데
귀토歸土를 서둘더니
기어이 온 산이 운다

누가
기다리고 있나 보다
내 어두운 발길
집 향하는 것을 보니.

시로 말하다

매일 아침 전해오는 시가
너의 마음인 것처럼
매일 저녁 보내주는 시도
나의 마음이다

매일 아침 전해오는 시가
네 마음 전부가 아닌 것처럼
매일 저녁 보내주는 시도
나의 마음 전부가 아니다

너에게서 오는 마음 한 구석
너의 몸짓이며 사랑이라는 것
나에게서 가는 마음 한 구석
나의 몸짓이며 표현이라는 것

따뜻이 데워진 서로의 마음 하나
우리는 말없이도 너무 잘 안다.

너를 묻다

세상을 살며 순간이 힘들 때
마음의 고향인 당신을 만난다

내가 가장 좋아하고 의지하는
한 분은 누구일까
한숨처럼 당신을 읊조린다

구름이 낀 순간도 흘러
하늘은 푸르고 푸르러도
시월 초닷새 초승달로 뜨신 내 어머니
오늘도 넌지시 날 지켜보고 계신다

잘 살아라 이르시던 어머니
'너는 어디서 와서
어디로 흘러가고 있는지'
나에게 나를 묻는다.

엽서 한 장

부모 곁을 처음 떠나
기숙사에서 대학 다닐 때 보내온
내 아버지 엽서 한 장

첫째, 남 쉴 때 공부하고
둘째, 남 잘 때 공부하고
셋째, 남 공부할 때 공부하라. 고

내 자식들 상경하여 학교 다닐 적에
내가 보낸 엽서 한 장

남 쉴 때 함께 쉬고
남 잘 때 같이 자고
남 공부할 때 그냥 공부 좀 하고 건강하면 된다. 고

우리 아이들과 나
보통으로 잘 살고 있다.

여름 능소화

여름에는 능소화 주황이 너무 야하다
죽은 감나무에 서식하며 타고 올라간
그 꽃이 뜨거워 능청스럽다

째지게 울어대는 한여름 매미로
능소화는 더욱 불 타 오른다

거실에서 바라본 화단과 먼 산
사방은 진초록
그 사이사이 핀 주황색 꽃,
매미소리 울어대는 여기가 오아시스다

무더위와 맞선 나는
지금도 묵언 수행 중
오래오래 기억해 두자

네 이름도 뜨거운
여름
능소화.

바다 가경佳景

네가 항상 너를 잡아 흔들어 깨우는 문제는 안일과 권태의 늪에서 욕심과 화냄과 어리석음을 보아왔기 때문

네가 항상 자신을 파도치게 하는 이유는 이 세상 모든 것 다 끌어안고 밀물과 썰물로 출렁인다는 것, 황혼의 너울처럼 이제 흐느적거리고 싶다는 것

바람이 숲을 좋아하는 것은 나무와 나무 사이를 드나들며 은밀히 주고받은 이야기 풀어놓고 할머니와 손자의 인연처럼 서로 하나가 되어 비빌 수 있다는 것

네가 너를 너무 사랑하여 뒤집어지고 엎어지고 파적하는 슬픔을 갖는 것, 꽃같이 여리고 사람에게 부대끼어 부서지는 안타깝고 처절한 모습 깊이 네 안에 보이지 않는 보석으로 숨겨져 있다는 것.

독신주의자의 푸념

백화점 세일 광고판에 한눈팔다
구두방과 눈이 맞아 멈칫거렸다
발에 신을 맞추는 것이 아니라
신에 발을 맞춰야 하는
기성화 시대의 나 역시 기성세대

살펴보니 옷도 역시 기성복
몸에 옷 맞추기보다 옷에 몸을 맞춰 입는
세일에 맞춰 챙기는 기성세대

우리의 삶도 상대에 맞춰 살아야 하는
시대에 따라 흘러가야 편한
기성시대의 기성화, 기성복, 기성인

혼자 살아간다는 것은 소리 없는 반항
인간 극복의 최대 한계다
자유를 향할 때에만 독신은 최선의 의미다

세계는 넓지만 개성은 강하고
혼자는 누구나 귀한 존재다.
딸아이의 그것처럼.

역풍逆風

남동풍이 불어야 할 곳에 북서풍 일고
여풍麗風* 불어야 할 곳에 동남풍 불어
온통 가슴을 저며 놓는다

당신이 건강진단 받은 후
말없이 기다리던 일주일
위험 신호탄이 검은 하늘을 찢고
찰진 공포가 기다린 시간을 헤치고 다가와
가족의 근심을 부추기고
마음 걱정으로 심장을 엄습한다

위통을 많이 앓았다
친지들의 돌림병 같은 위장의 병사病死
어쩌면 이번엔 당신 차례일 것 같은 예감
위병은 자신이 만든 것
예민하지 말아야 할 것에
소소히 신경 쓰는 것

그 동안 고마웠던 분들께 서신 인사드리고

머리 조아려 사랑했던 사람들을 위해 기도하리라
그리고 모레쯤 내시경을 계획했다
역풍이 몰려오고 있다.

* 여풍(麗風): 북서풍을 말함.

아름다운 발

팔십년 버티어 온 나이테를 읽는다.

주름과 같이 번진 각질비듬은 어둡다. 캄캄한 세상의 고린내도 가린 채 사방을 기웃거린다. 고들고들 말라 비틀리고 이제 그 욱신거리던 지난날도 잊어버린 채 열기에 절은 군화도 망각의 내를 가로질러 바다에 도달한지 오래.

이제 소파의 가장자리에서 결가부좌한 영감의 발, 더는 나를 괴롭히지 마라, 더는 나를 성가시게 굴지마라. 그 속성을 모르는 영원한 흔들림.

사람이 사람답고자 할 때 부리는 허영, 내가 나를 모르고 지치는 남이 나를 모르고 속삭이는 봄, 너도 나도 내가 나를 모른다는 것, 순식간에 온기가 퍼진 영감의 발이 봄을 향해 꿈틀거린다.

상사화

서로 눈 감고 귀 막고
손잡을 수 없어서

메아리도 남기지 못하고
넋을 푼 하늘
구름만 바라볼 뿐

우뚝 솟았다
더 높이 올라 더 멀리 보려고
그러나 주저앉을 수밖에 없는
짝사랑의 생채기

상면할 수 없는 꽃과 잎
결국 너와 내가 아프게 포기하듯 이어
뿌리로만 엉켜 지탱하는
맑은 생.

뜨거운 죄

풀잎에 누워 잠든 죄 몫 가지고
햇빛작살에 꽂혀 맘을 데었다
화상 입은 상처가 발갛게 덧나
백일이 걸렸다
데인 화상 흉터는 지워지지 않아
그대로 가지고 가야만 할
한평생이 우울해진다면 어쩔까
우울은 이것저것 가려서 오는 게 아니다
정신 한 번 삐끗하면 쥐도 새도 모르게
찾아오는 바이러스
밤새 한 자리 꼬박 지켜내면서
최명희의 만월을 읊는 것도 아니고
안安 누구의 연탄재 발로 차는 일도 아니고
누구에게 뜨거워 본 적도 없는 일 일진데
죄 다스리는 어지러운 세상 것들
흔들리는 풀잎 위에 누워 잠든 죄라거나
함부로 삼팔선을 넘은 죄,
그 푸른 죄가 너무 뜨거워

마음 한가운데를 또 데고 말았다
뜨거운 죄에는 더 뜨거운 용서가
명약인 것도 알았다.

인연

전주 오목대 철길 아래 살던 그녀와 나
단발머리 소녀시절을 단꿈으로 보내고
히말라야시다 늘어진 교정에서 헤어진 뒤
반생을 소리 죽여 살았습니다

중년의 저물녘에 다시 만나
애틋한 우정으로 서로를 위로하며
추스르던 삶
그녀에게 버팀목이 되어주었던
또 하나의 다른 인연, 가야금
열두 줄 오묘한 소리, 그 음률의 완성을 위해
그녀가 겪어온 시련의 시간들이
얼마나 참하고 아름답게 여겨지던지

짧아서 높게, 길어서 낮게
열두 줄이 내는 신묘한 소리
얼마를 마음의 눈으로 바라보아야
얼마나 큰 사랑의 손으로 쓰다듬어야
그 소리, 그 깊이, 그 사랑, 그 열정

그 감동의 선율로 꽃피울 수 있을까

한으로 맺힌 인연,
그 애절한 생의 소리를 가야금에 실어
가슴 저미게 내는 것인지도 모르겠습니다
소리로만 살아가는 그녀의 인연
영원히 만날 수 없는 가야금 열두 줄같이
그녀와 난 숙명처럼 팽팽한 평행선
그저 아픔으로만 그리워하는 사이입니다.

• 시작 노트: 그녀와 나는 중학교 동창입니다. 우리는 서로 의지하고 살며 사랑, 용서, 이해, 관용, 포용하는 법을 알고 실천하는 사이입니다. 친구의 발표회(이현자 가야금 독주회)를 진심으로 축하하며 낭송하고 졸작이지만 헌시합니다.

첫사랑 묘법

언제였더라?
참 오랜 세월이 지난 첫
뾰송한 솜털 벗겨지지도 않았던 시절
구름도 바람도 한 줄기 햇살도
감당하지 못해 힘들었을 때
겨우 가늘게 눈 떠
세상을 두리번거릴 무렵
낮달처럼 나타난 오색영롱한 보석
나무가, 숲이
산도 온통 부르르 떨며
사랑의 묘법을 탐닉했더니라.

매화

봄날 느낌표로 오시는 임
멀리서 다가가지 않을 수 없다
몇 날 며칠을 기다려
방긋 입 열더니 하루 이틀만에
마음을 온통 펴 열어젖혔다

기다림 만큼 오래 머물러줄까
기대어도 좋을 만큼만 머물러주렴
에둘러 가는 바람이어도 좋을 만큼만

매화 한 송이 매실차에 띄워놓고
봄밤 한껏 분위기에 취해본다
시집간 누이처럼 더디 오는 봄
달빛으로 맞이하는 그대 매화.

제3부

숲으로

숲으로 · 1

푸르렀던 과거가 보이는 숲

때때로 그림이 그리고 싶어 미친 적 있었다고

내가 색다른 어느 길을 걷게 되고

그 속에 빠져 허우적거리던 날

우연히 숲속 너도밤나무 사이 하늘에 그리고

아차, 정신이 번쩍!

사랑해야지 숲, 살아 있는 동안이나마

절실했다.

숲으로 · 2

초여름 저물녘 숲에 들면
심신이 이완되며 한가해진다
먼 곳에서 스산한 바람이 일고
나뭇잎을 스치고 지나는 곳에 순한 맥박이 뛰고
서어나무도 박동 수를 줄여가며 조용히 나부낀다
숲엔 이런 것들이 늙은 햇빛을 적신다
숲속의 모든 숨결이 일체가 되는 것

사람은 아무리 찾아도 흔적 없고
숲의 정령들만 부산을 떠는
어질어 세상일에 덜 미욱한 사람
비로소 다습게 마주쳐 보고 싶다
이런 때 보고 싶어진다

모처럼의 쉼에서 털고 일어나
열엿새 달빛 싸늘히 쏟아지는 숲의 중심에서
잡다한 추상,
모든 사물이 오로지 사물이라는 이름으로
쉽게 불리고 쉽게 잊혀진다

그 이름은 누구에게나 의미 없는
숲의 심장 중심을 향해 부는
가벼운 바람일 뿐
그대가 보고 싶다.

독백

수첩에 적어둔 전화번호
첫 장부터 끝까지 훑어도
불쑥 떠오르는 이름 하나 없을 때

오랜만에 큰 맘 먹고
안부 목소리 기대하며 다이얼 돌렸는데
'지금은 외출 중이오니 메시지' 라는
테입 돌아가는 소리 들릴 때

곁에 있는 사람 냉정하게 등 돌리며
'당신, 혼자 갔다 와' 아무 거리낌 없이 내뱉는
썰렁한 말 한 마디 들을 때

아들 며느리, 딸 손자들,
휴가 왔다 떠난 빈자리
우두커니 지키며
'또 언제 오려나' 뒷모습에
모정母情이라는 연민의 이름 붙여주고

돌아서는 내 심사
바람처럼 흔들거릴 때
눈물이 나도록 고독하다.

나 아닌 나

한 그루 나무가 우뚝 서서
그늘을 만들고
때로는 한 동네를
동네 안에 묵직한 풍경이 되는

내 아래서 내 말을 한다
내 아래서 내 노래를 한다
내 아래서 내 헛소리도 한다
그것들을 힘들여 견뎌야 하는 너

내 속에서는 나만 아는 이기주의
내 입장만 고집하는 못난이
이해해 주기만 바라는 너는 멍텅구리
그것은 오직 꿈
너는 너를 말 못하는 벙어리
한 그루 나무

그루터기를 만들어주고
먼 지평선을 바라보며

빙긋이 웃을 수밖에 없는
너는
한 그루 말 못하는 나무일 뿐.

찻잔을 보며

도예관에 가면 다양한 작품
백자, 청자,
진사의 자줏빛 금잔도 본다.

잔의 품위 따라 차 맛이 다르듯
너와 나, 누구의 맛도 다르리라

차 맛이 그러하거늘 어찌 사람이 다 같으랴
깊이, 무게, 맛, 향, 멋, 얼이 모두 다르거늘
이런 저런 것들 살피고 예측하기에 여념 없다
잔을 빚은 도공의 마음도 헤아려보고

세상살이도 천태만상
다 그렇고 그렇지만
하루를 살아도 남은 생
맛, 향, 멋, 얼이 어우러진
흥에 겨워 살고 싶다.

바다 두 채

콜라병 반으로 잘라 만든
바다 둘
안방 화장대 위에 놓여 있다

바다의 기본은 바람
바람타고
때로 날벌레 날아들어 헤엄치는 바다
하루도 대하지 않는 날 없다
열심히 바닷물 쏟아 붓는 용변
바다,
해조음도 눈꺼풀 덮고 잠든 채
그이 목숨과 동행하고 싶은 바다

마비된 언어의 침묵도 잊은 채
얼마나 비워야 눈물바다가 마를까.

中자를 아는 일

매번 세상일에 미혹迷惑되어
오늘도 생면부지生面不知 사람들에게 부대낀다
넉넉하게 산다는 것
원칙이어야 한다는 것
이것도, 저것도 아닌
둘을 놓고 돌을 던진다

한가운데가 가운데 中인 것을 알면서
다시 무명無明에 빠진다
얼굴의 눈귀가 코로 대칭을 이루듯
가운데 中의 중심점인 숨구멍
그것이 폐장을 벌렁거리게 한다
시소오의 중심점이 삶의 중앙이듯
영원한 진리를 향해 뚜벅뚜벅 간다

그 어디에도 영원불변은 없고
누구나 자기의 득得을 위해서만 살아
이 세상에 내가 없음을 누가, 어떻게 알랴
알고 나면 허탈해지는 것

가벼워지는 것을

이타利他의 정신이 여여如如할 때
비로소 성불成佛하리라는 것
알고도 알 수 없는 험악한 길
오늘도 미궁迷宮의 길을 홀로 헤매며
가운데 中을 향해 하루를 펴고 있다.

임 뵈러 가던 길에

불보佛寶 통도사와 법보法寶 해인사를 거쳐
승보僧寶 송광사, 임 뵈러 가던 날
꽃은 꽃이 아니고 지장보살*이었네

청매, 홍매화, 춘백, 목련
개나리, 벚꽃, 진달래, 조팝
제비꽃, 봄 까치꽃, 얼레지, 산자고
열락悅樂의 합창에서 베시시 깨어나
아침인사 웃음 짓고 있었네

지난여름 장마에 씻기고 시달려
다시는 잎 피지 못할 꽃나무라 여겼는데
한 아름 봄을 안고 피안으로 건너와
희망 한 줌 멋들어지게 피워내고 있었네

크나 작으나 어리나 늙으나
가슴은 한 가슴 동질의 그리움으로

쿵더쿵 두근거리고 있네 꽃을 보면
임 뵈러 가던 길이었네

* 지장보살: 석가모니의 부촉을 받아 그가 입멸한 뒤 미래불인 미륵불彌勒佛이 출현하기까지의 무불無佛시대에 6도道의 중생을 교화, 구제한다는 보살

마음 안 풍경 · 1

— 살강*카페

아침저녁 찬바람 곁에 소국 만나면
동네 아제 신열난다
대쪽처럼 올곧던 가슴도 마냥 부풀어
찬바람 마중하기엔 살강이 최고

호숫가 청둥오리 노니는 고즈넉함
비스듬히 햇살 쭈그린 안락의자엔
아제초상화도 없고

나무토막으로 지핀 난롯가에 둘러
낡은 생, 군고구마 타령으로 보내고 나면
어김없이 오고가는 어여쁜 단골손님들
마주치는 생의 인연이 하도 소중해
다가서는 반가운 임 기다림은
일각이 여삼추라 훈훈하게 다스려도
흐르는 순간이 넘쳐 한나절이 되나니

혼자여도 스스럼없고 둘이어도 좋은
그저 안개구름 억새 한 다발 더불어

지난 생 다스리러 가는 어리석은 중생
아제아제 바라아제 바라승아제 모지사바하
가니가니 건너가니 건너편에 닿으니 깨달음이 있네.

* 살강: 경남 함양군 지곡면 어느 호숫가에 있는 카페 이름.

마음 안 풍경 · 2

— 호수카페*

밤이슬 채는 풋풋한 잔디 건너
두 줄기 광선이 하늘 향해 팔 벌리는
바람 몇 폭
호수 곁 숲으로 도망치듯 미끄러지고
초등학교 교실에서 살았던 책상 걸상이
걸어 내려와 살며시 옆구리를 치는
끼리끼리 마주앉아 팥 심은 데 팥 난다는
억측을 소심하게 받아 접으며
깊어가는 여름 밤 풍경
먼 산마루 고요가 느릿느릿
소슬바람이랑 안개랑 적막까지 팔짱끼고
소곤대며 내려오는 호수카페

* 호수카페: 무주리조트 경내에 있음.

베르겐에서 만난 에스프레소

'커피는 지옥보다 검고
죽음보다 쓰다*'고 했겠다?

민간자격증이지만 하도나 멋져 보여
올 봄 바리스타 자격증 어렵게 땄는데

검고 쓴 커피를 알고부터
북유럽에서 맛들인 그 맛과 향
기억해 내며 씁쓸히 웃는다

베르겐**, 그 어두침침한 곳에서 마신
에스프레소 커피를 잊을 수 없어
마니아도 아니면서
꼭 그것만 고집하는 너는 누구냐?

* 터키의 속담.
** 베르겐: 노르웨이 제2의 도시로 문화유산의 항구임.

금당사金堂寺

금당사*는 온통 순금덩어리
금덩이 보기를 돌처럼 하라는 가르침인가
금당사 삼성각의 서쪽 여닫이문 돌쩌귀는 하나
열자니 삐딱하게 찌그러진다

아래 위 둘 있어야 할 곳에 하나만 있는 것
흔적이 없는 걸로 보아 아예 하나뿐인 모양

친구는 신장에 혹이 생겨 하나 떼어냈고
둘이 하던 작업 하나로 하려니 힘들고 어려운 모양
꼭 있어야 할 것의 없음이여
눈 뜨고 볼 일이 아닐 때 한쪽 눈도 감고

금당사는 분명 속이 텅 빈 통째 금덩이
텅 빈 속을 모르고
막무가내로 달려드는 저 심란한 유혹

한 눈 감고
한쪽 눈으로만 바라본다.

* 금당사: 대한불교조계종 第17교구 본사 금산사 말사이며, 전북 진안군 마이산 탑사 입구에 위치하고 있음.

선암사* ㅅ간뒤

밤의 정적이 스멀거리는 날
시골집 뒷간 가는 길은 멀고도 멀었다
마루에서 댓돌을 짚고
돌계단 다섯 개 내려 토방을 지나
채마밭 한켠에 까대기 쳐진 뒷간 있었다

안개 속 한 치 앞 보이지 않는 고속도로 휴게소
심한 근심 덜어야 개운한 해우소

뒷간에서는 뒤만 보라고
뒤로 꽉 막힌 우주를 비우라고
뒤쪽에 위치한다고 뒷간이라 했겠다?

요즘 화장실은 손 씻고 분 바르고 화장을 하라 했나?
도처 곳곳이 화장실이다
몸도 비우고 마음도 비우고 걱정도 비우고 나면
모두가 극락이고 평화로운 세상이 되나 보다

뒷간의 대표이사

ㅅ간뒤는 선암사에 가면 있다
품위 있는 나무 간판을 목에 걸고 보물이 되어
사람보다 더 높은 자리에 앉아 급한 이 기다리고 있다.

* 선암사: 전라남도 순천에 자리한 선암사라는 사찰은 600년 된 매화도 유명하지만 해우소 뒤ㅅ간도 유명하다. 우측에서 좌로 읽으면 뒤ㅅ간이지만 좌측에서 읽으면 ㅅ간뒤가 된다.

혼돈 그리고 인연

하늘의 말씀도 빛도 없는
혼돈, 당신은 어느 시점을
휘어잡고 앉아 노래하는 파랑새였나
태초 그 이전에도 영원한 시간은 있었으리
공간 어디쯤 부초浮草로 떠돌며 흐르다
잃어버린 마음만큼 까마득한 시간을 두고
당신과 나
어떤 만남과 헤어짐을 되풀이하다
문득 지구별에서 눈을 맞췄나
백합 향으로 스미고 햇살에 뼈 삭이는
몇 억만년 공든 탑 쌓고 쌓은 뒤
어떤 윤회의 수레바퀴에 걸려
빛나는 인연으로 맺어졌나
아직은 하늘의 말씀도 빛도 없는 혼돈
당신은 어느 시점을 부여잡고 앉아
웃고 있는 파랑새인가.

남해에서

노을이 아름다운 찻집에서 내려다보이는 남쪽바다
업業*을 싣고 가는 통통배 한 척
바다의 심장을 질러 질주한다

어디에 부릴 것인가, 저 업
인가와 멀리 떨어질수록 번뇌는 잦아들고

아직 남은 햇살 받고
심장을 관통당한
상처를 동여맨 검푸른 남쪽바다
흔들리는 것 치고
고통 없는 것 어디 있으랴

씻기고 할퀴어 덧난 상처
어둠으로 감싸 안을 때
황홀한 일탈을 꿈꾸는 어둠
노을이 아름다운 찻집의 추억에서
떠나야만 남는 영롱한 과거이야기.

* 업業: 불가에서 말하는 죄 값

도솔암 가는 길

선운사 도솔암 가는 하늘계단
그 어디쯤 암자 하나 있다기에
아우의 안내로 찾아 들었다

도솔천 내원궁은
현세 불인 석가모니 부처가 과거에 머무셨고
미래불인 미륵보살이 지금은 머물고 계시는 중

생로병사生老病死를 어쩌지 못하는 나는
아직도 공空과 무無에 접근도 못한 채
매미소리 따갑게 귓전을 때리는
그 여름을 거머쥐고 갔다

백팔번뇌를 소멸케 해 준다는
지장보살 기도처 도솔암
하늘가는 백팔계단 한 발 한 발 무겁지만
깨달음과 업의 소멸 위한 오름
그날만은 꼭 해내고 싶었다.

2006년의 추석

올 추석은 태어난지
채 한 달도 안 된
승현이*가 보름달이 된다

차례 상에 올려놓을 떡도
승현이 핑계로 간단히 하고
음식도 줄여 준비하면서 넋두리

올 팔월 보름에는 차례상에
보름달 같은 승현이만 올려놓아도
그 어떤 음식보다 더 좋아하실 것이라며
돌아가신 부모님 훈수를 기다린다

칭얼대는 삼대독자를 어른다.

* 승현이: 첫 손자.

제4부

가을의 향기

골동품

오래되었다거나
희귀하다거나
독특하다거나
훌륭하다거나
톡톡 튄다거나
부실하다거나
~~~~~거나
~~~~~거나해야 골동품인 것

너는
이 골동품만도 못한

골동품이 되려면
얼마나 오래 귀해져 독특하게 훌륭해져서
톡톡 튀며 쓰러져야 하는가

골동품 점 옆을 지나다가
그냥 지나치지 못하고 서성거리는
눈길, 그 모습
순간 골동품 같은 너를 발견한다.

벚꽃 유감

우리는 꽃을 그냥 꽃이라 했고
그들은 꽃을 나라라 했다

꽃이 화사하여 좋아라 했고
그들은 삶보다 죽을 때를 고민하는
일시에 피고 지는 사무라이 정신을 고집했다

언제부터였나
삼월 하순 어디를 가나 봄을 대표하는 꽃
길이면 길마다 가로수 연분홍 물결치는
삼십육 년 당한 공포와 치욕, 설음 생각하면
피지도, 피우지도 못하게 해야 할 꽃
화려하면서도 짧게 피고 지는 꽃그늘 밑에서
봄마다 편치 않게 속앓이 울분을 태워야 하는
애국자 아닌 평범한 가부장들, 아녀자들

이제
그런 작은 응어리에 빼앗길 시간 없다며
방방곡곡 그 정신 가득채운 땅

뱉도 꼴도 자존심도 없는
심은 자, 가꾼 자 말릴 수 없었던 죄
가증스러워 혼자 답답해하는 것
못된 성격의 나만 이렇게
속이 뒤집히고 있나? 모를 일이네 참.

가을의 향기

가을은 가냘픈 목숨으로 피어 있는 코스모스
푸르디 푸르게 하늘 서성이는 그리움이다

초가지붕 위 달빛으로 서늘히 빛나는
박꽃 하얀 꿈으로
피워 올린 기다림이다

누이로부터 선물 받은
애틋한 이별의 손수건이다

가을은 삼백예순날 하루같이 걸어온
어머니의 순결한 아픔
작은 항수의 등불 켜는 외로움이다.

슬픈 변화

지금 단풍 빛 오색 물살이
온 천지에 번져 오고 있다
사랑이 없어도 가을은 오고
사랑이 있어도 바람은 분다
사랑 없이도 시간은 가고
사랑 있어도 아픔은 온다
자신에게 일어나고 있는
변화가 믿어지지 않아서
변할 수도 있구나 싶어서
머리가 흔들리고
마음이 흔들리고
세상이 흔들리고
무엇 하나 믿을 수가 없어서
이 가을 변하는 내가 슬프다.

당단풍 한 잎 떨어지다

그리움과 만남 사이
빨간 단풍잎 한 잎 떨어지다
살아 있는 화신 같다
그리워한다는 것은
가슴 안의 뼈를 씹는 고통
아련한 기운으로 산 능선 부드러움을 보는 것
저기 날 낳은 아버님이 오시는 것
저기 날 기르신 어머님이 오시는 것
멀리 보이는 저
저기 나를 받쳐 든 고향땅
나는 바보처럼 보이는
보이지 않는 허접한 땅에 살며
떨어지는 당단풍 한 잎을 바라본다
떨어진다는 것의 아픔
아픔을 폭포기둥처럼 흘리는 사람들
한꺼번에 날개 달아 날려 보내는
그리워서 꺼이꺼이 목 놓다가 슬픔이 복받치는 것
머리 질끈 동여맨 동학민초들처럼
끈질기게 정열스럽게 붉게 물들어

알량한 자존심 한 끄나풀 잡고
만나는 사람에게 엉키지 않고 순박하게
밝은 웃음 한 번 날리며 떨어지는
다시 그리워하며 아름답느니 차라리
속 시원한 뼈아픈 이별을 하자
한 잎 빨강 당단풍 떨어지다.

가을 예감

닳아빠진 신을 끌고 나간다 오늘밤에도
무겁게 흔들리는 아날로그 시계추처럼
팔을 저어가며 남대천 변을 걷는다
시작은 아득하나 끝은 가까이 있다

고요에 귀를 매단 가로등 불빛 하나
사람들 삶이 힘겨운지 표정이 어둡기만 하다
땅 속에서는 뿌리끼리 생존경쟁을 한다지만 나는
어제 하루를 걸어온 기억마저 아련하다

사랑은 어둠 대신 빛을 간직 한다지
그래서 밝고 따뜻하다지
하지만 이 가을 나는
사랑할 힘이 각혈하듯 빨갛게 터져
지쳐만 간다

반딧불이 한 마리 포물선을 그리며 날고
불 밝힘 없는 휴식의 밤은 영원하리

깨어나지 않을 신비로운 꿈
그것은 차라리 내일의 파라다이스
그런 신령한 꿈을 꾸고 싶다.

블랙 초코베리

지인이 보내준 블랙 초코베리,
아로니아라고도 하는 흑진주 같은
열매를 그냥 따 먹으니
떫다, 내 인생처럼

아침마다 잘 씻어
우유와
야쿠르트
미끈한 바나나에
냉장고에서 시들어가는 해 지난
사과도 함께 갈아
그대 한 잔
나 한 잔

젊어서는 몸에 좋다 해도
잘 먹지 않던 것들
이제 먹어가는 나이도 그렇고
우리 시대 시어머니와 며느리 사이
짜고 맵고 시고 달고 쓴

오미를 갖춘 사랑도 그렇고

이별도 또 그러한
모든 인연의 관계가 그러하더라
블랙 초코베리.

골든 키위

바다에서 보내온 키위박스포장이 엉뚱하다
속은 보이지 않고
사라진 지문이 연고 없는 부산 주소를 들고 서 있다
단단한 거위 알이 되어 돌아온 것
허우적거린 틈새가 멀쩡하다
사지가 바람에 뒤틀리고 사방은
황록색 오로라로 뒤덮였다
올록볼록 작은 공기주머니 포장지의
작은 우주가 톡톡 터진다
매끄러운 감촉, 한참을 망설이는 것 같다
강 영감네 과수원의 맑은 햇살처럼
살진 황금색 먹이가 나를
빤히 올려다보고 있다
먹히기까지의 갈등을 삭이면서
누가 누구를 챙기는지 궁금해진다
바다에서 보내온 골든 키위.

재두루미

오늘도 삶의 공허에 질려
한 발 짚고 서서 사방을 두리번거린다

답답한, 깊은 한숨
지금도 너와 나의 속을 모르는
때마다 다른 얼굴인, 아니 순간만 제 얼굴인
마음 들여다보기 위해 한 발을 세운다

보이지 않는 색깔이 더 많은
칠면조의 마음 색을 생각한다
나무 하나하나 그리고 숲
새와 꽃, 아가씨와 노인도 본다

어제, 오늘도 나는 한 발 짚고 서서
넓은 마음 조심스럽게 짚어간다
한 점 새털구름 같은 희망을 꼭꼭 짚으며
세상을 샅샅이 훑어보고 간다.

겨울 판타지

겨울 햇살은 깊은 그림자를 가지고 논다
너와 나 또는 그대,
쌓인 미움 아랑곳 없이
추운 겨울을 그냥 즐긴다

만리는 아니지만
만리라 불리는 만리포 해수욕장
창백한 포말이 밀려오는 수평선
햇살이 젖은 몸을 말리려
뒤척이는 모래톱과 파도들
녹색 행운을 주변에 날리고
웃음이 산발하고 뒤따른다

날씨가 추울수록 햇살은 기세등등하여
더 긴 그림자를 만들며
구석구석을 염탐하고 집착한다

버리지 못하여 아픈 것
선뜻 내 놓지 못하는 것

내 것 네 것 따지는 분별력이 무엇인지
그 마음을 마음대로 하지 못하는 것
슬프고 괴로운 것, 못된 것
그래도 좋아하는 모든 것들이 어우러져
겨울 환상곡이 된다.

빈들

회색 찌뿌등한 무상無常이 공허를
늦가을 들녘에 부려놓고 있다

아랑곳없이 희디희게 밀려오고 있는
날 선 기대가 이 땅이 아니었던들

사람이 사람을 알아버린 데에는 어이없게도
그 허망한 빈들을 지나는 칼바람처럼 매서운데

그래도 가슴 너머에 휑한 기억 한 톨
채움을 준비하며 희망하고 있구나.

눈이 내리는데

내 걱정 아랑곳 없이 눈이 나린다
눈 덮인 산야는 더없이 멋지지만
어깨, 손목 다쳐 아픔 속에서도
기름차 몰고 배달나간 막내 동생,
눈길 조심스레 운동나간 중풍지아비
이런 염려는 아무나 하는 걱정이 아니다

다리 다쳐 조심스럽게 걷는 나보다
장애 있는 모든 이를
더 아프게 생각한다

겨울의 무게를 이기지 못하는 이름들
화단 금송 가지가 우두둑 부러지고
살구나무 잔가지 흰옷 입고 뽐내는데
팽목항 노란 리본은 어이하며
일찍 서둔 봄 풀꽃들은 어이 하리

함박눈은 어쩌자고 고단한 삶을 애 태우는가
서두름 없이 조용조용 눈 내림
내 걱정도 이 밤엔 차분히 가라앉는다.

난蘭

– 보세란

자식 다섯을 내리 쏟아 꽃피우더니
그 자식들에 딸린 손주들 건사하기에 지쳐
할미는 이제 쓰러지려 한다

한 송이, 한 송이
끊임없이 내쏘는 그 송이마다의 향
세상살이 충만해야 맡을 수 있는
매만지고 다듬고 쓸어주고 아껴주는
궤도를 벗어나 달리는 야간비행 같은
관심법 아닌
아슬아슬한 꽃대의 묘기

꽃에 대고
타랑해! 타랑해! 혀 짧은 소리로 연발해대는
우리 승현이* 기특해서
다섯 자식, 오십 꽃 손주도 솎아내지 않고
욕심 부리는 할미의 맘

향에 취해 비틀거려도 좋을 오늘만은

너로 하여 세상사 다 잊기로 한다.

* 승현이: 세 살 박이 맏손자.

무제

과거의 언저리를 돌고 돌아
이제야 제자리에 온 듯
꿈에서 깨어나 보니
그 동안 잡초 다투어 자라
무성한 묵정밭이 되었던 곳
지금 나 서 있는 자리
사방은 그림자 어둡고
내 가슴 안에는 탁란에서 갓 깨어난
뻐꾸기 슬픈 소리로 가득하다
고통을 품안에 가둘 기력조차 남아있지 않고
바람은 작은 구멍을 비집고 흘러들어
파도를 잠들지 못하게 흔든다
짙은 침묵이 흐른 뒤
고통이 사랑을 헤치고 달아나는 것을 본다.

무너져 내리는 슬픔

장례식장은 슬픈 조문객들로 붐비었다
번개가 광막한 어둠을 단칼로 베느라
한 순간 번쩍 빛났다
번갯불은 세상을 단숨에 먹어치우고선
입 꽉 다물어버렸고 밤하늘은
밤하늘이랄 것도 없이 비바람 대신
하얀 회한을 무지막지 퍼부었다
저 젊은 주검 위로 무너져 내리는 슬픔들
투시된 빛은 구름 뒤로 물러가고
뜰에 핀 석류꽃은 여전히 폭풍에 비틀거리고
꽃보다 붉게 핀 생명의 존엄은
죄 없이 간 젊은 영혼을 부축하듯
어둠이 조각나는 순간
흰 천에 덮인 주검은 고요했으나
그의 말은 천지를 진동시켰다.

그래도 동행

동행이란 함께 가는 것
끝이라는 말, 마지막이라는 말
그 얘기만 나오면 주눅 드는 것은
아직도 내가 그대와 함께
목표에 도달하지 못했다는 것

데미샘* 섬진강 원류가 서쪽으로 흘러가는 동안
고달파도 세월은 강물처럼 흐르고
그대와 내가 지금도
함께 가고 있다는 것

목표가 없이도 떠내려가고
바다가 목표라 해도 떠내려가는 것
강물이 세월 되고, 세월이 바다 되고
바다에 이르러서야 꿈꿀 수 있는
섬에 다다를 수 있고
평화로울 수 있다는 것

종점에 이르러 지난 이야기 지줄 댈
우리는 슬픈 동행.

* 데미샘: 전북 진안군 백운면 신암리 팔공산에 있는 섬진강의 발원천.

딴짓

— 도예

내가 만약 시인이라면
책 읽고 글 쓰는 일에만 전념했어야 하는 것
도예, 그것은 딴짓에 불과하다

그러나 내 속에 내가 푹 빠질 수 있는
흙과 노는 일
먼저 흙을 알고 나를 안심시키는 일
대홍포차 한 잔 입안에 머금고
느낌 좋은 한 발작씩 떼어 놓는다
기초학습으로 인간됨과 소통을 배우고
흙판을 칼로 재단하여 밖을 끌어올리고
적당한 수분을 유지, 손의 온기를 없애주고
깨끗이 하여 상처로 갈라지지 않게 단속하기
스펀지에 물을 적시어 적당히
지극히 적당히 매만지는 일
작품이 되게 사랑으로 끌어올리는 힘이 필요해
만드는 손과 몸짓의 위대함을 알아
그릇, 컵, 접시, 차 도구, 항아리 등등 무엇이나
맘먹은 대로 정성을 보여 내 생명을 전당 잡히고

위로받아 지구를 잡아 돌리듯 물레를 치고
우주의 기를 통째로 받아들여 작품에 힘껏 불어넣는 일
새로운 창작을 일삼는
강산이 변해도 흔들리지 않고
내 묵언수행을 완성시키는 일
그 자리, 그대로 빈 가슴을 채워줄 것임에
믿음이 가는 딴짓.

불교적 언령言靈과 시의 충만감

— 전선자의 탐진치貪瞋癡 삼독심三毒心 극복을 중심으로

이운룡

(시인 · 문학평론가 · 문학박사)

1. 서론

시인들은 진실과 신령한 힘이 내재된 생명의 언어, 영혼의 언어로 시를 쓴다. 언어에 혼을 담아 진실한 미를 구현하기 때문에 영혼의 언어라고 정의할 수 있다. 시에 있어서는 '영혼의 언어'를 축소하여 '언령言靈'이라고 말한다. 그러므로 언령言靈은 일종의 본질생명론인 셈이다. 백과사전에 따르면 불교에서는 만트라mantra, 또는 진언眞言이라 말하고 기독교에서는 말씀logos으로 설명하고 있지만 시에 있어서 언령言靈과 불교의 진언眞言, 기독교의 말씀logos과는 어떤 면에서 상당히 큰 격차가 있음을 발견하게 된다.

백과사전에 설명된 진언眞言의 개념을 보면 "말 자체에는 의미가 없으나 심오한 의미가 내재한다고 생각되며 영적인 지혜의 정수精髓로 여겨진다. 그러므로 특정 주문을 반복 암송하거나 명상한다면 탈아脫我의 경지로 들어가게 되며 높은 차원의 정신적 깨달음에 도달하게 된다."고 한다. 이와 같은 종교적 방언의 성격과는 달리 시에 있어서의 언령言靈, 즉 생명과 신령한 힘을 내재한 진실한 언어, 또는 영혼의 언어라는 개념을 진언이나 방언의 개념과 비교해 본다면 확인할 수 있지 않겠는가.

다시 말하거니와 신성한 생명과 혼이 깃든 언령言靈, 또는 인간세계의 깊고 은밀한 곳에 눈부신 보석처럼 박혀 있는 진선미眞善美를 채굴하여 옥쟁반에 담아낸 생명의 언어, 신성한 기운이 반짝이는 언어, 그러한 영혼의 언어를 시인들이 언령言靈의 차원에서 부려 쓴다면 시인은 그 자체 진선미眞善美의 영성을 지닌 존재라고 보지 않을 수 없을 것이다.

이와 같은 관점에서 인간존재의 본질과 삶의 내면세계를 추구하고 선양하는 시인을 평가할 때에, 그렇다면 시인은 어떻게 살아야 하고, 어떻게 시를 써야 하는가의 문제 해결은 불필요한 주문이거나 맥없는 설득이 될 것이다.

전선자田善子 시인은 산 첩첩 물 맑은 무주에 정착하여 한 생을 불사르는 시인이고, 이 시대의 여성상을 대변하는 불자佛者이며 지성인이라 불러도 틀린 말이 아닐 것이다. 그는 지금 무욕無慾의 시詩사랑, 그 일념으로 생의 용마름을 꾸준히 엮어온 문사文士라는 사실을 두고 본다 하더라도 웬만한 전북지역의 시인이라면 그의 시세계를 모를 사람이 드물지 않을까.

그는 보고 들은 바가 많고 일의 선후나 사물의 본질을 분별하는 능력이 뛰어나 탐구적 진취성에다 문화 융성의 실천궁행을 접목하는 일에 헌신함으로써 우리 문학의 풍토를 비옥하게 가꾸어온 장본인이다.

역사의 주인공은 어느 시대를 막론하고 자기희생의 용기와 의지가 없다면 존재할 수 없고, 일의 성취 역시 불가능하리라는 점을 그는 일찍 깨달아 꾸준히 실천해온 의지의 여성이고 시인이 아닐까 하는 믿음은 공통적인 감정이고 견해일 것이다.

다시 말하거니와 그는 한 가정의 주부요 생활인이며, 시인이요 사회의 지도층 인사다. 그를 대면할 때마다 전통적으로 인식되어왔던 '부잣집 맏며느리' 인상을 받기 마련이었음은 필자의 편견이었을지도 모른다. 그러나 아닐 것이다. 옛날부터 "맏며느리는 권리와 의무가 동시에 주어졌지만 산업사회에 있어서는 존재와 권리가 실종되고 의무만 남아 힘들다."고 호소하는 글도 기억난다. 그리고 '국가의 리더leader는 한 가문의 맏며느리와 같은 존재'이어야 한다는 말도 있다. 주부로서, 시인으로서, 군의원이라는 공인으로서 조직이나 여러 사회단체 활동을 주도主導하는 실천적 문화인으로 산다는 것은 남을 위하여 나를 흔쾌히 다 퍼줄 수 있는 맏며느리가 되어야 할 것이다. 말은 쉽지만 언행 실천은 쉽지 않은 일이다.

2. 탐진치貪瞋癡 삼독심三毒心 극복의 불심佛心

그는 1990년 ≪시대문학≫ 신인상에 수필이 당선되어 등단했다. 그럼에도 수필보다는 시가 더 생리에 맞아서였는지 1996년 ≪흔맥문학≫ 신인 작품상 시 당선으로 시인이라는 이름을 또 다시 문단사회에 퍼뜨리게 되었다. 그러는 사이 그는 "순수하고 질박한 글쓰기를 원했다."고 자술하는 한편 "여성 활동이 미미했던 시대를 극복, 앞장서 봉사하고 남녀의 평등사회를 위해 노력했다. 불교에 입문하여 탐진치 삼독심을 버리고 역지사지하는 마음으로 철학적 사색에 게으르지 않았으며, 이를 글쓰는 데 반영하였다."고 실토하기를 주저하지 않았다. 이와 같은 그의 생활철학과 글쓰기에 관한 행동윤리, 그리고 시정신과 그 에스프리esprit는 제2시집에 수록된 「달 같은 세상 하나」에서

나, 열사흘 상현달 하나
쑥 뽑고 싶다
둥근 것에는 조금 못 미쳐도
조금은 비어 있는 듯이
지난 그리움도 버리고
묵은 고통도 서서히 잊어가면서

— 중략 —

남은 신명을 바쳤으면 좋겠다

그러고 나서 달 같은 세상 하나
쑥 뽑았으면 더더욱 좋겠다

— 「달 같은 세상 하나」 부분

고 하는 기원적 시혼을 간절하게 담아내고 있는 시를 보아도 그와 같은 사실을 확인하고 남을 것이다. 그러한 불교신앙, 불교정신, 불교사상을 시의 내면에 농축시켜 놓은 탐진치貪瞋癡 삼독심三毒心 극복의 수행과 스스로의 실천 강령도 생의 부단한 도정道程과 무관하지 않았음을 여실히 보여준다.

덧붙이거니와 불교에서의 탐진치貪瞋癡란 수행의 방해가 되는 '탐욕, 분노, 어리석음'을 뜻하고, 삼독심三毒心이란 그와 같은 '탐욕[貪], 분노[瞋], 어리석은 판단[癡]이 마음에 일으키는 독과 같다.'는 의미라고 한다. 이는 부처가 삼독三毒의 뉘우침으로 번뇌를 제거하기 위해서는 우리가 어떻게 정진하고, 무엇을 경계해야 할 것인가를 깨닫게 하는 계명誡命과 같아서 그의 작품에 관한 언어 형상의 불성佛性은 충분조건이 된다고 말할 수 있으리라.

전선자 시인은 그 같은 불교의 가르침에 따라 '마음의 집을 본능적 과욕으로부터 지켜줄 울타리'를 삼고 선정삼매禪定三昧의 경지에서 자신의 불심佛心을 표상하려는 시에 부처의 진심을 어떻게 농축시켜야 할 것인가도 심각하게 고민했을 것이다. 이 시인이 전북불교문학회 회장으로 활동했던 사실만으로도 이런 사실을 조금은 짐작할 수 있지 않을까.

다시 앞서 인용한 시를 살펴보자. 이 작품에서 그의 시정신의 여백을 채우고 있는 중심 언어는 '상현달'이다. 온전히 둥글어서 빈 구석 하나 없는 보름달을 탐하는 욕심이나 독심毒心이 아니라 '둥근 것에는 조금 못 미쳐도/조금은 비어 있는 듯'이 빈 구석 하나 여백을 남겨놓고 있는 '상현달'의 여유 만만한 자태, 그리고 그 기저에 숨겨놓은 여백의 울림을 암시하고 있는 '그리움도 버리고/묵은 고통도 서서히 잊어가면서' 어둠을 밝혀 만물만상을 자비와 사랑으로 어루만지는 '달 같은 세상 하나/쑥 뽑았으면 더더욱 좋겠다'고 표상한 시인의 무량한 불심佛心과 감수성, 나아가 초아超我의 포용력으로 탐진치貪瞋癡 극복과 선정삼매禪定三昧에 든 부처의 실눈 속에 반짝반짝 빛나고 있음을 공감하지 않을 수 없다.

전선자 시인의 불교신앙, 불교정신, 불교사상과 시인으로서의 수행심상이 만개한 인도 기행의 시에서는 사물의 원형 이미지와 그에 따라 생성되어 일렁이는 감동은 물론 감동의 근원이 되는 종교적 특성이 더욱 선명하게 드러나 있음을 발견하게 되는데, 아래의 시들이 그 한 예라고 볼 수 있다.

(1)~(4)의 시는 제2시집 『달 같은 세상 하나』(시와에세이, 2009)에서 인용한 작품들이다.

(1) 영원히 공허하여 무無일 수밖에 없는
고행의 시작과 그 끄트머리
늘어진 보리수나무는 말이 없었다

—「홀씨 한 톨- 가비라국 룸비니 동산에」 부분

(2) 망자의 넋까지 활활 태워 하늘 밝히는
푸른 저 고적 보아라, 무희는 신들린 무녀처럼
강바닥에 가라앉은 골육을 질근질근 씹는다
그리고 한 움큼 생명수가 된다
—「갠지스강의 일몰- 그리고 화장터」 부분

(3) 무명은 번뇌를 낳고 번뇌는 집착으로
집착은 결국 나를 말살했느니
탐욕 버리고 다 비우라 하건만
주검 앞에서도 끝내 무엇 하나 버리지 못하는
인생의 필멸을 집어삼키고야 말 내 바보 습성
—「무명無明은 번뇌를 낳고- 쿠시나가라 열반당」 부분

(4) 자아自我 찾아 나선 그 고행 길에
순박하게 늙은 석양을 만났다

다시 그 곳에 갈 수 있기를
대탑 한 귀퉁이에 온전히 자리 잡고
한철 승려처럼 오체투지로 성불을 꿈꾸리
—「오체투지 탑돌이- 부다가야 마하보디 대탑,
성도의 금강좌」 부분

시 (1)의 앞부분에 "온갖 버리지 못할 것 털어버리고/잊지 못할 일 다 잊고 길 나섰다/옆구리가 허전했다"는 구절이 나와 있다. 이와 같은 선행先行 시구詩句에서 감지되는 바와 같이 (1)의 시에서 더욱 투명하게 전달하고 있는 영원하고도 공허한 무無

에의 세계인식이 그의 시 내면에 짙게 깔려 있음은 그냥 스쳐 버릴 수 없고 더욱 묵과할 수도 없는 인과율의 이미지를 주목해야 할 것이다.

다시 말하면 불교의 윤회사상을 보더라도 그렇다. '고행의 시작'이 '그 끄트머리'에서 다시 회전, 인용시 (2)의 끝 행에 와서 '한 움큼 생명수가 된다'고 하는 결구를 주의 깊게 살펴보면 인과관계가 뚜렷한 윤회사상과 심상을 어렵지 않게 감지할 수 있을 것이다.

인도나 네팔을 여행하고 돌아온 사람이라면 그와 같이 소멸되는 시신屍身의 화장풍속火葬風俗을 심심치 않게 목격하였을 줄 안다. 그럼에도 불구하고 시인은 '주검 앞에서도 끝내 무엇 하나 버리지 못하는/인생의 필멸을' 초월하지 못해 '바보 습성'이 그대로 남아 있다는 회한을 토로하고 있다.

그리하여 번뇌와 집착과 탐욕은 끝내 나를 죽이는 형벌임을 의식하면서 시인 또한 불확실한 인간적 한계상황에 부딪쳐 수행의 고난을 해소하기란 못내 쉽지 않았음을 솔직하게 진술眞術한다. 그럼에도 자아를 포기하지 않으려는 의지를 내비친다. 그러한 화자는 고행을 생의 필연으로 수용하면서 '오체투지로 성불을 꿈꾸리'라는 불심과 함께 모든 유혹으로부터의 일탈 지향을 보완할 각성과 신념과 의지를 공고히 다지는 한편 탈아脫我의 경지를 꿈꾸는지도 모르리라.

전선자 시인의 작품에서 알게 모르게 보이는 불교정신의 개진과 철학적 사유체계는 시정신의 깊이와 함께 작품의 형상, 색채, 외관 등의 의장意匠에 의하여 구체화된 심미안審美眼의 정

채精彩라 과찬한다 해도 무리한 사견이 아닐 것이다. 때문에 시의 중심을 관통하고 있는 주조主調이고 대표적인 제재題材이며 시의 구조화에 필요한 종교적 관념의 표상을 제쳐놓고 말해서도 안 될 것이다.

어떤 시인의 개성과 세계정신이 반영된 관념이나 관상觀想의 상념들 혹은 주제의식이 일관되게 천착된 언어형태, 그리고 그 모든 것들이 종합된 작품 형성은 문예미학의 근간을 이루는 요소이고 필수조건이다. 그와 함께 시의 내연과 외연 확장의 측면에서 본 전선자 시인의 불교사상과 그의 작품들에서 느끼는 심상 역시 개성미로 자리 잡고 있다는 점에도 주목하지 않을 수 없다. 왜냐하면 관념이나 관상觀想의 불확실 상태에서가 아니라 그는 확실히 남의 시가 아닌 나의 시를 가지게 된 개성미를 튼튼 탄탄 다져놓고 있기 때문이다. 다음에 인용한 시 역시 제2시집 『달 같은 세상 하나』에서 인용한 작품이다.

꿈을 꾼다, 내 나이 이순耳順에
시골마을 앞 하천같이 급물살 타지 않고
위로 거스르지 않아 순리대로 흐르는 일
슬픔도 외로움도 숲속에 숨어 우는 소쩍새처럼
혼자 삭이는 일

— 「관계 11- 내 나이 이순耳順에는」 부분

독백조로 진술된 시이다. 특별하지 않고 평범하게 읽혀지지만 그러나 시인의 실존의식과 진정성에 자연스럽게 끌려들어

가는 작품이다. '순리'를 거역하지 않고 주어진 생의 여정을 멍에처럼 지고 살겠다는 화자의 실존체념이 아름답다. 그게 아니라면 생사고락을 초월한 자각견성自覺見性, 안심입명安心立命, 무욕허실無慾虛失과 더불어 참되고 아름다운 '꿈'을 장식하고 있다는 내면의 진실을 감지할 수 있으리라.

따라서 마음속에 떠오르는 의식된 경험과 단독자의 정신적 영상을 통하여 끝 행의 '혼자 삭이는 일'에서는 체념과 실존의 정서를 자연스럽게 표현하고 있다. 이것은 그의 '이순耳順'의 정신 나이가 은밀하게 농축되어 열린 지혜의 한 면을 발견할 수 있는 표현이기도 하다.

그런데 나 혼자 나의 무거운 삶을 책임져야 할 절대존재로서의 생존문제는 인간의 숙명일 수밖에 없다고 하는 실존주의 개념과 속성을 재음미해 볼 때, 나라고 하는 존재는 고독한 단독자 그 이상도 이하도 아니라는 이론을 상기할 필요가 있다. 나의 존재는 근본적으로 타인의 의지에 의한 생의 목숨이 아니고 죽을 때까지 단독자이며 슬픔, 외로움, 고난, 궁핍 등 생의 모든 조건, 다시 말하면 책임과 의무 또한 나만이 해결하고 감당해야 할 몫이라는 것이 단독자의 고독한 운명이라고 설명한다.

배고프면 내가 밥을 먹어야 배를 채울 수 있는 것이지 인정상 남이 나 대신 밥을 먹어준다고 해서 나의 배고픔이 해결될 수 없다는 것, 죽음도 나를 대신하여 남이 죽어준다고 해서 나의 죽음이 아닌 것과 마찬가지로 인간의 행위와 욕구와 고난도 궁극에 있어서는 단독자인 나 하나의 존재 문제로 귀속된다는 실존주의 논리가 이에 적용된다. 이것이 나 하나의 개체는 단독자이고, 태어나면 죽기 마련인 생사 문제를 비롯하여 존재론적 운명을 제기한 실존주의 철학의 속성이다. 전선자 시인이 이와 같은 실존 자각을 시로써 표상하고 있음에 주목하지 않을 수 없다.

그는 주제의식이 분명한 시인이다. 주제의식이 분명하다는 말은 감각기관에 대한 자극 없이 의식 속에 꿈틀거리는 관념을 구체화하고 아울러 화자의 진정성을 정교하고 촘촘하게 직조하고 있다는 말로 바꾸어도 무난할 것이다. 때문에 그의 시는 일찍부터 난해성을 극복하고 표상의 미를 획득한 시인이라는 사실을 모를 독자는 없으리라. 이러한 견해를 가감 없이 수용한다면 그의 불교사상과 이미지 형상의 시 또한 우리 시의 정도에서 벗어남 없이, 묵묵히 자신의 시세계를 정립한 시인이라고 평가한다 해도 무리한 속단은 아닐 것이라고 생각한다.

3. 관조와 금강삼매金剛三昧의 언령言靈

전선자 시인의 시가 사물 혹은 대상을 사유와 관조의 시각으로 형상화하였다거나 직관감성으로 묘사하였다 할지라도 그가 불교에서 영향 받은 선정의식禪定意識과 시정신, 그리고 표면상의 어조는 별로 달라지지 않고 일관되어 있다. 혹시는 시적 대상(사물)이 가시적 형태를 가진 제재일지라도 마찬가지였을까? 그렇다. 그의 시가 뿌리내린 옥토에서는 종교적 탐미와 신앙적 색채와 가슴 설레는 시의 두근거림이 꿈틀거리고 있다. 말하자면 그만이 가질 수 있는 일정한 시 형식이 확립되어 있기 때문에 어떤 시적 대상(사물)이 우연찮게 은밀히 찾아와 그의 감수성과 성찬을 차린다 할지라도 발상과 시정신의 근원이 되는 불교적 심상은 스스로도 알게 모르게 작용하고 있다는 사실을 발견할 수 있을 것이다. 그리고 그러한 시는 불교적 심성으로 순화된 관념, 또는 수행인의 불심을 통하여 대상을 재해석하는 질료로서 그의 감수성을 구체화한 시 형상의 단초가 된다.

몇 행씩 짧게 인용한 시편들을 해체하여 본다면 그러한 사유체계와 체험의 재현을 거친 등가성等價性, 시정신과 일관된 언어 형태의 개성 등 이 같은 현상을 확인하게 될 것이다. 다음에 인용한 (1)~(5)의 시는 제1시집 『그 어디쯤에서 나는』(푸른사상, 2006)에 수록되어 있다.

(1) 눈감아도 보이는 세상
　코끝에 감도는 암향부동暗香浮動 우주를 향하였느니
　아름다운 꽃이여
　사람이여

— 「백련사 가는 길」 부분

(2) 홀연히 떠난 스님의 뒷그림자만
　바라보며 지키는
　가을 적상산 그리고
　나

— 「가을 적상산 그리고 나」 끝 연

(3) 솔바람을 줍고 있었다
쉽게 울어대는
숲의 영혼조차
온통 청람晴嵐으로 피는 계절

―「구천동 입하立夏」 부분

(4) 사람이라는 말, 인연이라는 끈 하나
매듭을 풀지 못하고, 버리지도 못하고
버티어 가는 삶 껴안고
서성이는 것, 아파하는 것

깊을 대로 깊어서
번뇌를 씻지 못해 우울해지는 것
벌써 가을은 아득히 먼 길에서
손 흔들고 가는가

―「10월의 끝자락 그리고 적상산」 부분

(5) 울어서 아름다운 꽃 피는
오색영롱한 구름타래 풀어 하늘 날리면
아! 저 세상일까
저승의 아픔 털고 나온
환생의 뽀오얀 겨울나무

―「덕유산 눈꽃」 부분

위의 시들은 암시성과 함축성이 짙은 작품이다. 그것은 종교적 깨달음이나 반야심경에서 색色이라고 말하는 만유 존재의 실상과 그 의미소意味素들이 회광반조回光反照처럼 시적 화자 자신은 물론이거니와 모든 색色의 실상들이 본래의 모습대로가 아닌 이 세상을 측은지심으로 굽어다보고 있는 부처와 시인의 영상이 오버랩 되어 나타난다.

시 (1)에서는 '눈감아도 보이는 세상/코끝에 감도는 암향부동暗香浮動 우주를 향하였느니'에 이어 '아름다운 꽃이여/사람이여'가 암시하고 있는 내면을 들여다보면 궁극에 있어서 그 자신 세상을 더욱 환히 비추는 회광반조回光反照가 되기를 갈망하는지도 모른다. 아니 회광반조回光反照를 자아의 세계로 인식하여 사람이나 우주 공간에 존재하는 사물과 대면, 진여眞如의 실상을 깨닫고자 시적 에스프리esprit를 갈구하고 있는지도 모를 일이다.

회광반조回光反照란 해질녘 태양광이 지평선에 반사되어 일시적으로 하늘이 더 밝아지는 자연현상이라고 풀이하고 있다. 이를 가리켜 박명薄明이라고도 한다. 그런데 사람은 누구나 사물이 내는 소리를 귀와 마음으로 듣지만 성인으로서 나이를 더할수록 대상도 마음도 없어진다고 하니 그에게 있어서는 번뇌의 수렁에 더 깊이 빠져드는 필연을 감내해야 할 게 아니겠는가. 왜냐하면 인간의 삶이란 욕망에 의하여 점점 몸과 마음의 기운이 소실되어가기 때문에 진리를 깨닫기까지에는 형극의 길이 가로막고 있으리라는 노파심을 접을 수 없기 때문이다. 그러나 시인의 진실과 성실한 수행진심修行眞心은 그의 시와 시정신의 근본이라는 사실을 상기할 때, 우리 시문학의 지평을 더 넓혀준다는 의미에서 더욱 바람직한 경향이고 개성이라 해도 억지

주장은 아닐 것이다.

그와 같은 맥락에서 본 (2)의 시에서 '홀연히 떠난 스님의 뒷그림자만/바라보며 지키는/가을 적상산 그리고/나' 역시도 '스님의 뒷그림자'를 아무 말 없이 지켜보고 있는 '적상산'과 시적 화자, 곧 '나'라고 하는 단독자가 동일성 차원에서 무시무종無始無終 적막과 고요를 배경으로 깨달음의 비의를 숨겨놓고 있다는 묘수를 생각하면 두 눈이 시리도록 부시다. 또한 '스님의 뒷그림자'에 함축된 여백의 묵시적, 암시적인 영상과 스님의 마음을 꿰뚫어 알고 있다는 '가을 적상산'과의 대비로 하여 일렁이는 이미지와 그 전달력은 이 시의 백미白眉라 해도 열려진 말문을 닫을 수가 없으리라.

(3)의 시에서는 불어오는 '솔바람' 소리와 '섧게 울어대는/숲의 영혼'을 동일성 감각과 은유기법으로 표상한 관조적 미의식이나 이미지 역시 그지없이 아름답고 시인의 마음씨 또한 더없이 섬세하게 어필appeal된다. 이는 그의 시적 영감과 감수성이 피워 올린 정화頂花일 것이다.

시 (4)를 보면 화자는 '사람이라는 말, 인연이라는 끈 하나/매듭을 풀지 못하고, 버리지도 못하고…삶 껴안고 서성'이며 가슴을 아파한다. 결국 화자도 사람이기 때문일 것이다. 사람의 생사고락이나 얄궂은 운명을 어찌 말로, 인연으로 해결할 수 있겠는가. 여기서 그는 인간적으로 깊은 고뇌의 모습을 보여주고 있다. 혹시는 자신의 수행신심을 의심한다거나 회한에 젖어 번민하고 괴로워한다 할지라도 인간의 보편적 정서로 볼 때에는 범부나 시인, 성인聖人의 차이가 있을 수 없음을 수긍할 수밖에 없다.

가을은 생각하는 계절이라고 하지 않았던가. 가을 탓이다. 너무나 무겁게 매달리는 영혼의 무게, 그 가을 탓이다. 더욱 '아득히 먼 길에서/손 흔들고 가는' 서러운 늦가을 탓이다. 이 같은 시인의 감수성이 빚어낸 가을에의 상념과 고독과 자아성찰의 진정성은 독자의 심경을 맑은 물에 짤짤 흔들고 짜서 늘어진 빨랫줄에 널어놓은 수채화와 다름없다.

시 (5)는 덕유산 눈꽃을 제재로 쓴 시이다. 풍진세상을 향해 옷(잎)을 다 내주어 헐벗은 겨울나무가 소복소복 내린 눈을 덮고 눈부신 아름다움으로 다시 생명을 얻고 있다. 한편 윤회사상을 내포함과 동시에 투명하고 간결하게 표상된 이 시는 '울어서 아름다운 꽃'이 핀다는 직관 감성, '오색영롱한 구름타래 풀어 하늘 날리면'의 이미지 확장과 그 탄력 있는 형상성, '아! 저 세상일까'에서 보이는 원거리연상의 상상력, '저승의 아픔 털고 나온/환생의 뽀오얀 겨울나무'와 공감대를 이루어 호응하고 있는 윤회전생의 불교사상 등 이 시가 함축하고 또 암시하고 있는 언어의 미의식과 유려한 감성 전달은 아무나 따라잡을 수 없는 경지에 도달해 있음을 어렵지 않게 보여주고 있다. 그의 시적 영감과 언어의 구조화는 그만한 깊이와 폭과 무게를 특별한 기교 없이 순수하고 질박하게 표현하고 있기 때문에 읽고 또 읽어도 감탄사가 저절로 터져 나온다.

4. 심화된 불교사상의 시와 완미

앞서 논평한 전선자 시인의 시와 시인에 대해서는 아는 만큼 필자 나름대로의 견해를 밝히기 위하여 이전에 발간했던 두 권의 시집에서 자의적으로 선별한 작품 평이다. 시집속의 시 평설 또는 해설은 발문의 성격과 유사하기 때문에 시와 시인의 인간적 특성, 문학사회적 위상까지 종합적이고 총체적이며, 시인의 모든 시를 대상으로 언급하는 엄중한 태도, 그 또한 시인과 독자를 위하여 더 바람직한 금상첨화가 되지 않을까 싶다.

한편 인용한 시들이 전선자 시의 대표성을 띤 작품과 큰 차이가 없을 터이므로 각기 다른 비평가가 다른 시각으로 분석평가함으로써 시의 인지도를 더 굳게 다져준다는 의미로 보아서도 적극적인 성의와 예의가 될 수 있으리라 믿는다. 그래서 시평의 집필 방향을 구상하면서 이미 발간된 시집을 정독하고 필자의 관점으로 보다 진지하게 논평하게 된 것이다.

이제부터는 불교의 선시禪詩라고 단정할 수 없지만 종교적 심상이 내재된 신작시를 선별하여 해석적 방법으로 논평해 보겠다.

먼저 시에서 일반적으로 흔히 써먹고 있는 사물시일지라도 그의 시안詩眼이 포착한 세계는 일상의 감정이입이나 감상이 아니라 그의 종교적 심안心眼의 언어로써 농밀하게 형상화된 서정시의 개성미가 어렵지 않게 드러나 있음을 보게 된다. 그러한 경향은 시정신의 탄력 있는 발상에 의하여 생성된 생명감 넘치는 언어 체험이거나 종교적 사유에서 자연스럽게 우러나온 시

울림 때문일 것으로 믿어 의심치 않는다. 그만큼 시와 시인의 내면에는 깊고 오묘한 심미안과 시정신이 반영되어 있다는 증거일 것이다.

아래의 시와 그 제재 역시 누구나 감상에 젖어 즉흥적으로 시 한 편 읊고 싶은 가을비를 제재로 쓴 시이다. 그럼에도 불구하고 전선자 시인의 사유체험은 남다른 특성을 훤칠하게 보여준다.

나뭇잎들의 잔재를 비로소 보았다
곁에 다가와 펄럭이는 것들
나비도 아니면서 꽃잎도 아니면서
그저 아래로 내리꽂히며 누워버리는 저
작은 마을에서부터 훑고 지나간 추억 같은 것
이랑을 타고 고개 넘어 동네 고샅에 숨어 있다가
하수구로 스며들어 몸살 앓는 곳
늘어선 앳된 가로수 행렬을 지나
이 계절 낙엽 하나 강둑에 걸터앉았다
지난날들이 어둠을 먹고 갈대가 몸 비비는
고요하고 고요하여 더욱 쓸쓸한
빈집 지나 숨죽이는 이유는
영원의 무상에 가까워졌다는 것
영성의 탑에 천년 미진微塵으로 머물게 되었다는 것
어깨동무하고 가는 저 물방울들 좀 봐
연잎에 흔들리는 저 환상의 무리 좀 봐.

—「가을비」 전문

이 시는 첫 행부터 낙엽의 진로와 그 운명을 예민한 감각과 지성, 그리고 낙엽에 대한 섭리사관과 역사의식을 인간적 운명과 동일시한 대유법代喩法 방식으로 노래한 작품이다. 그와 더불어 무상한 존재의 실존현상을 심층적 통찰로써 그 내면세계를 표상하고 있다. 이 같은 심상이 절실하게 감응되는 가운데 전체적으로 잘 짜인 구조미와 상상력 또한 빼어나서 시인의 직관적 통찰력이 눈부시다. 말하자면 낙엽의 최후 운명을 인간의 종말론적 진로와 일치시켜 '나비도 아니면서 꽃잎도 아니면서/그저 아래로 내리꽂히며 누워버리는 저/작은 마을에서부터 훑고 지나간 추억 같은 것'에 나타난 관조 직핍의 심상과 직관 감성부터가 그렇다. '추억'이라는 말은 흔하게 사용하는 상투어이다. 하지만 이 시에서는 전혀 다른 신선한 시어, 말하자면 새로운 울림의 시어로 변용되어 있기 때문에 시인의 속 깊은 심안心眼이 가슴을 뜨겁게 데워준다.

낙엽의 운명적 역사체험과 화자가 보는 의식세계도 색다른 면모를 보여준다. 말하자면 '지난날들이 어둠을 먹고 갈대가 몸비비는/고요하고 고요하여 더욱 쓸쓸한/빈집 지나 더 숨죽이는 이유는/영원의 무상에 가까워졌다는 것'에서 대상(낙엽)과 인간과의 운명을 이질적으로 파악하는 것이 아니라 동일성 정서로 연결, '고요하고 고요하여 더욱 쓸쓸한/빈집 지나 숨죽이는'의 일체유심이 슬프게 아름답다. 그리고 '영원의 무상에 가까워졌다는 것/영성의 탑에 천년 미진微塵으로 머물게 되었다는 것/어깨동무하고 가는 저 물방울들 좀 봐/연잎에 흔들리는 저 환상의 무리 좀 봐'에서 감지되는 해석적 투시안의 예리하고 정확

한 언어 형상과 이미지, 그 개성과 고아한 품위는 아무나 모방할 수 없는 수일秀逸한 품격을 유감없이 보여준다.

이 시에서는 특히 불교사상이나 정토의식을 함축하고 있는 시어로 '영원의 무상… 영성의 탑… 천년 미진微塵… 연잎에 흔들리는' 등을 통하여 더욱 선명한 시적 개안의 전달력을 획득하고 있다는 점도 깨어 있는 시인의 영적 탐미와 투시안목을 높이 평가하여 마땅할 것이다. 더 첨가하면 '물방울'과 '연잎에 흔들리는… 무리를 좀 봐'의 예민한 감각과 권유적인 언어로 하여 시선을 집중시키면서 안 보아도 그만인 하찮은 미물에서 더 생동하는 생명력을 발견하고 있는 언어의 탄력과 시안詩眼 또한 무심하게 지나쳐버릴 수가 없다. 그의 신령한 투시야말로 타인의 추종을 불허하리라.

이와 같은 수작秀作과 연결된 「백련사 풍경」의 시를 보아도 앞서 언급한 시와 별로 차이가 나지 않는다.

> 구천동 계곡 녹음으로 몸을 씻고 시오리, 백련사 고즈넉한 대웅전 처마 끝에 주지 스님 눈 꼭 닮은 물고기가 낮은 사바 살피고 있다. 사방을 훑어보아도 걸릴 것 없는 하늘바다에 생명의 유와 무를 가르치면서
>
> 바람만 스쳐도 풍경은 제 몸을 쳐 멍이 들고 독경 소리만 들어도 차르랑 흐느낀다 듣고 엿보는 이 없지만 백련사 사시예불에는 풍경도 슬며시 내려와 날이면 날마다 육안肉眼으로 천안天眼으로 혜안慧眼으로 법안法眼으로 불안佛眼으로 어두운 세상 따뜻이 밝힌다

눈이 맑아진 나는 마음으로 촛불을 켜고 합장, 천수경을 염불하고 나면 풍경이 나를 따라 반야심경을 읊는다. 백련사 풍경이 온 세상 안고 아름답게 고요하다

—「백련사 풍경」 전문

묵상의 자태와 경건하고 엄숙한 불심, 세상평정 일체유심의 불안佛眼으로 두루 감리監理하는 너그러움 속의 정중동淨中動, '주지스님 눈 닮은 물고기'가 '낮은 곳 내려다보며' '생명의 있음과 없음을 가르치고 있다'는 충만 감성과 정일靜逸, '날이면 날마다 육안肉眼으로 천안天眼으로 혜안慧眼으로 법안法眼으로 불안佛眼으로 어두운 세상 따뜻이 밝힌다'고 하는 '백련사 풍경'이 온 세상의 번뇌를 포근하고 편안하게 잠재우면서 진한 정적으로 물들여 순화시키고 있기 때문에 말할 수 없이 아름답다. 바야흐로 생명을 건 행복과 안온, 정일靜逸과 평명의 불심佛心이 산사를 휘감고 사바세상을 정화할 순간의 절정에 다다른 것 같다.

그러한 감동을 억누르지 못한 채 아래의 시 「새와 거미」를 보자.

아파트 베란다에 둥지 튼 오목눈이 황조롱이
거미줄에 얽혀 무시를 당한다
한 입에 덥석 물릴 거미
어딘가에 숨어 망을 보고 있으리니
여기도 사투가 벌어지는 곳

오늘 만난 윤회輪回

세상만사는 조용조용 숨고
떠드는 자만 언제 사자死者가 될지 알지 못 한다
세상은 머리 굴리는 자의 것…
내세來世는 새와 거미로 돌고 돌지니

—「새와 거미」 전문

첫 연에서는 천적인 '황조롱이'와 미물에 불과한 '거미'가 쳐 놓은 거미줄과의 긴장된 생사 대비가 특이하다. 감히 황조롱이가 거미줄에 걸려 곤혹을 치룰 새이겠는가. 하지만 종교적 개연성과 언어구조를 일치시켜 화자는 어림짐작할 수 없는 두 생명체와 생명의 유지를 위하여 절대 필요한 먹이사슬, 또는 인과율의 법칙을 살뜰하게 연상하고 있다. 그같이 원거리 연상을 의도적으로 펴 놓고 우화를 변용해 형상화하고 있다는 점도 시작법의 남다른 주목거리가 될 수 있다고 본다. 또한 절대 대大와 절대 소小와의 불일치, 그 차이성을 통하여 해학적 담소를 연출하기 위한 의식적 대비가 경이롭다.

둘째 연에서는 '오늘 만난 윤회輪回/세상만사는 조용조용 숨고/…/내세來世는 새와 거미로 돌고 돌지니'에서도 윤회전생의 불교사상을 향하여 정조준하고 있다. 이 시인의 종교적 심상과 사상과 그에 관한 상상의 극대화를 목적으로 주의를 환기시켜 주는 형안이라 할 수 있을 것이다.

좀 더 생각해 보자. 세상만사는 인과율의 법칙이 존재의 운명을 좌우하고 있음에도 그 실제를 깨달아 알기까지에는 그만한 실존의 경험 없고서는 쉽게 납득되지 않을 것이다. 그런데 시적 화자는 확실히 다른 점을 보여준다. 그의 많은 수작秀作들이 불교정신, 불교사상과 연루되어 있기 때문에 그와 같은 인과율의 법칙을 이미 깨달아 알고 있는 제재를 시로써 표상하고 있기 때문일 것이다. 그런 면에서 보더라도 전선자 시인의 시는 더욱 진화하여 시의 진수성찬을 차릴 날이 그리 멀지 않았다고 생각된다.

그러면 이제 핵심만을 분절하여 인용한 (1)~(6)의 시를 살펴보자.

(1) 큰 나무 곁에 작은 나무 서다
작은 나무 밑에 들풀 풀꽃 피다.
얼키설키 모여 사는 평온한 숲 동네

— 「숲에서 배우다」에서

(2) 먼 구름 벗 삼고 보니
세상사 다 잊고
홀로 남아 단단해지기

— 「설천봉 구상나무」에서

(3) 무엇이 희고 검다할 것인가
없고 있다 할 것인가
생각도 없고 그저 상像만 바다 한가운데서
바람에 부대껴 출렁거릴 뿐
스치고 지나와 눈에 보이는 것들 모두
파란 하늘이 아니고 무엇이랴

— 「바람의 뒷모습」에서

(4) 머리에

단풍 한 잎
꽂은 여인이 간다
웃음이 꽃만큼 진하다
새들이 지저귀는 노래로 잎이
하르르 진다 물은 흐르고
낙엽이 길을 덮고
그 위에 잎이
또 지고

— 「가을, 꽃, 여인」에서

(5) 오늘도 무無의 속내가 환한 내 기다림은
침묵을 눈감고 있다

— 「기다림」에서

(6) 농아聾兒는 세상 묵언을 수행한다
가슴에 큰 산 더께 껴안고
심해의 체념에 눌리고 찌그러지고
세월의 발길에 채이면서도
말 없는 말을 토한다
뜨거운 몸짓으로

눈물보다 차가운 함성으로
온 세상 마음 품고
말 없는 말을 토한다
적막에 깃든 가슴 두드리며

눈빛으로 말한다

―「묵언默言하다」에서

시 (1)은 그의 '숲'에 관한 제재의 시들에서 간결하면서도 입맛 짭짤하게 크고 작은 것들의 조화와 공동체의 일상을 '큰 나무'와 '작은 나무'의 상생相生 협동의 이미지로 붙잡아서 갈등이나 불화를 제거한 시를 먼저 보기로 하자. 생명체의 천리를 깨닫고 표현한 부분, 즉 '큰 나무 곁에 작은 나무 서다/작은 나무 밑에 들풀 풀꽃 피다/얼키설키 모여 사는 평온한 숲 동네'는 쉬운 표현이면서도 아무나 말할 수 없는 시정신이나 시안詩眼을 느낄 수 있다. 이보다 더 명확하고 간결한 이미지의 대비와 조화된 미의식을 쉽게 찾아보기 어려운 표현이기 때문이다. 그처럼 아무렇지 않게 그리고 천연스럽게 물 흐르듯 풀어놓고 있는 시어의 잔잔한 암시성과 밀도 높은 언어와 상상력, 관상觀想의 깊이, 그 설득력, 용출하는 개안開眼 심상과 흠 없이 깨끗한 구조미는 모든 시가 지향하는 원칙이고 시 형상의 진미와 진가가 아닐 수 없으리라.

시 (2)는 시인이 살고 있는 무주 설천봉 고지대의 자생식물인 구상나무를 제재로 쓴 시의 일부분이다. 구상나무는 알다시피 살아서 천년, 죽어서 천년을 산다고 하는 희귀한 관목수다. 구상나무는 험준한 고산에서 '먼 구름'만을 벗으로 삼고 속진을 멀리하고 산다. 낮은 산자락에서 서로 부대끼며 사는 잡목이 아니라 높고 가파른 상상봉 구릉진 산비탈에 뿌리를 내리고 사시사철 혹독한 눈비와 세찬 바람을 맞고 견디면서 생장한다.

이것이 구상나무가 살아가는 환경이면서 그에 적응한 생태학적 특성이다. 그리하여 구상나무는 '세상사 다 잊고/홀로 남아 단단해지기'를 기대하면서 이속離俗의 뼈저린 고독도 아랑곳하지 않는다. 오히려 반항이라도 하듯 더 '단단해지기'를 바랄 뿐이다. 아니 그래야 살아남는지도 모른다.

이처럼 구상나무가 암시하는 강인한 성격과 역동적 생명현실을 마음의 눈으로 담아내어 맑고 투명하게 빚어놓고 있는 사유능력이 시선을 집중시킨다. 구상나무는 세찬 바람과 차가운 눈과 비를 맞으며 살아감은 그것들이 자신들의 생명 유지를 위한 의복이며 식량일 수도 있겠지만 화자는 산의 팔부능선 그 위에서 속진 초월의 의지를 더욱 굳게 다지고 있는 구상나무의 생태현실을 암암리에 천명함으로써 짧지만 그 울림은 천둥소리처럼 크게 들린다. 솔직히 말해 시의 언어구조가 간결하면서 정서 배열이 정확하고 시어에 내포된 의미가 투명하여 전달력이 뛰어날 뿐더러 시적 화자의 진정성이 돋보인다고 말할 수 있겠다.

시 (3)은 인간의 시각으로 볼 수 없는 바람의 뒷모습을 마음으로 보고 해석한 시이다. 바람이 불면 느껴지는 촉각 현상을 형식적, 상식적인 언어로 묘사한 시와는 차이점이 크다.

그렇다면 어떤 면에서 다르다는 것일까. 이 문제는 시적 구성형식이 완벽한 기승전결起承轉結 기법으로 분석하면 쉽게 파악된다. '무엇이 희고 검다 할 것인가'의 강력한 의문 환기의 기起, '없고 있다 할 것인가'의 신속한 강조와 '없고 있다'의 상반대위법을 적용하여 강조한 승承, '생각도 없고 그저 상像만 바다 한가운데서/바람에 부대껴 출렁거릴 뿐'이라는 확신으로 상황 의식 판단을 도출해 내고 있는 전轉, 그리고 '스치고 지나와 눈에 보이는 것들 모두/파란 하늘이 아니고 무엇이랴'라는 현문우답을 통하여 자연스럽게 공감을 불러일으키면서도 결 고운 형태의 결結 등이 완벽하게 결속된 구조미와 형태적 탄력을 압축해 놓고 있다. 더 이상의 사족이 필요 없을 것이다.

시 (4)는 먼저 시각적 효과를 의도적으로 보여주려는 기하학적 구성미가 눈에 띈다. 전체적으로 보면 정삼각형을 옆으로 뉘어놓은 형식이다. 그러한 시도는 일찍이 구상具常 시인을 비롯하여 다른 여러 시인들이 색다른 실험정신으로 발표한 시들이 있었다.

다시 한 번 이 시를 보자. 제목부터 무심하지 않다. 하지만 시인의 의도가 분명히 드러난 바에야 더 할 말이 있겠는가마는 제목의 '가을, 꽃, 여인' 등 각기 다른 시어로 가을이라는 계절과 꽃이라는 사물과 여인이라는 사람이 등가의 개념으로 열거되어 있음이 상식을 뒤엎지 않는 선에서 그 유기적인 어울림으로 관심을 끈다. '머리에/단풍 한 잎/꽂은 여인이 간다'에서 '가을'을 상징하는 '단풍'과 가을 단풍을 머리에 꽂고 자연의 오묘한 신비와 낭만을 만끽하면서 몸매 다스리고 미소를 띤 여인의 멋과 아름다운 자태가 멜로디의 선율처럼 눈에 어른거리고 귓속을 어지럽게 후빈다. 시적 화자는 그러한 가을 여인으로부터 은근히 풍겨오는 '웃음'의 향기는' 꽃만큼 진하다'고 진술한다. 따라서 새들이 노래하고 나뭇잎도 마음을 곧추세우지 못해 어찌할 줄 모르는 가운데 '새들이 지저귀는 노래로 잎이 하르르

진다.' 이처럼 절망적인 대미大尾로 끝나는 생명체의 한평생이 사람이나 뭇 생물과 무엇이 다르겠는가.

그런 다음에는 무슨 사연이 어떤 종말을 기다리고 있을까. 가슴이 두근거려진다. 삼라만상을 주재하고 유무와 선악을 분별해서 삼라만상의 질서를 유지, 자연의 섭리에 귀의하지 않을 수 없는 시인의 섭리사관이 방점을 찍어 놓고 있다. 마침내 '물은 흐르고/낙엽이 길을 덮고/그 위에 잎이/또 지고' 한다. 이와 같이 신비한 자연섭리는 있고 없음과 없는 것 같으나 있다고 하는 진리를 색즉시공色卽是空 공즉시색空卽是色의 반야심경般若心經을 불러내 만물만상의 실상과 허상을 평정하고 한 가지로 마음을 정화시켜준다. 시인의 내공이 쌓여 불심佛心으로 무장된 시의 개안을 느끼기에 충분토록 추상적인 것을 구체적인 대상을 통하여 표현한 알레고리allegory가 신선하게 느껴진다.

시 (5)는 「기다림」의 일부분이다. '오늘도 무無의 속내가 환한 내 기다림은/침묵을 눈감고 있다'고 하니 그의 '기다림'이란 어떤, 무엇에 대한 기다림일까. 결과부터 말하면 피안에 이르게 될 날도 '기다림' 속에 희망이 있다는 신념의 표현이었음을 알 수 있다.

그런데 인용한 이 시의 원작 앞부분에는 '삼라만상 기다림 속에 희망이 존재하는 것//아래로 낮게 겸손해져서 고통의 골짜기를 건너다보면 피안彼岸의 세계에 이르게 되는 것, 인생은 일체유위법一切有爲法 여몽환포영如夢幻泡影 여로역여전如露亦如電 응작여시관應作如是觀이라 했던가'라는 금강경金剛經 사구게四句偈를 인용해놓고 있다. 순서대로 사구게四句偈에 각주를 단다면

'일체 현상계의 모든 생멸법은/꿈이며 환幻이며 물거품이며 그림자 같고/이슬 같고 번개 같으니/마땅히 이와 같이 볼지어다'로 해석된다.

실로 심오한 진리를 5언 절구 형식으로 수행의 근본을 가르치고 있는 금강경金剛經의 핵심 불법佛法을 만나볼 수 있다. 전선자 시인의 불교사상과 시와의 접목, 불자佛者다운 면모, 그리고 피안감성의 언어 형상화가 정확하고 확실함을 재발견할 수 있는 시이다.

시 (6)은 화자가 현실세계의 비극적 현상을 불자의 심경으로 패러디parody한 시 「묵언默言하다」이다. 두 연이 암시하는 실존적 존재 이유를 상기해 보더라도 불교적 심상이 그 밑바닥에 깔려 있음을 부인할 수 없다. 패러디parody란 일반적으로 '전통적인 사상이나 관념, 특정 작가의 문체를 모방하여 익살스럽게 변형하거나 개작하는 수법'이라고 설명하고 있다.

중심 제재는 말 못하는 눈빛으로, 수화手話로 말을 대신하는 농아聾兒이다. 아니 농아聾兒에게 있어서는 눈, 입, 손, 그리고 동작이 언어인 것이다. 농아들이 이같이 정상인을 뛰어넘는 감각과 진실과 인내심, 용서와 관용, 천진무구한 심성과 행위의 진정성은 정상인이면서 죄짓는 일을 일삼는 악인, 또는 패륜아의 추악한 모습과는 전적으로 다르다. 농아聾兒들은 '세상 묵언默言을 수행'하는 사람이다. 하지만 농아들도 '가슴에 큰 산 더께 껴안고/심해의 체념에 눌리고 찌그러지고/세월의 발길에 채이면서도/말 없는 말을… 뜨거운 몸짓으로' 대화 소통하는 사람일 터. 그 아프고 슬픈 현실을 어떻게 감내해야 할 것인가의 숙제가 엄숙한 문젯거리로 제기된 시이다.

표면상으로는 눈에 띠게 드러나 있지 않지만 이 시의 내면에서는 무섭고 부끄러운 여운이 연속해서 울려나온다. 당신들은 어떤 사람인가? 세상을 어떻게 생각하고, 어떤 눈으로 보고 또 어떤 이기심으로 계산하고 있는가의 존재론적 질문을 던지고 있기 때문이다. 그래서 이 시를 읽으면 육신과 정신이 천근 무게를 달고 호흡이 거칠어진다. '눈물보다 차가운 함성으로/온 세상 마음 품고/말 없는 말을 토한다/적막에 깃든 가슴 두드리며/ 눈빛으로 말한다'는 묵언默言 절규와 연민의 정을 어찌 편하고 무심하게 스쳐버릴 수 있겠는가.

5. 결론

필자는 지금까지 전선자田善子 시인의 불교사상과 시와 정신의 일체유심一體唯心, 그리고 그의 종교적 개안과 개성미를 과거와 현재의 시를 종합하여 해석적 비평 방법으로 분석해 보았다.

시 평설의 제목인 「불교적 언령言靈과 시의 충만감— 전선자의 탐진치貪瞋癡 삼독심三毒心 극복을 중심으로」와 관련된 시인의 사상과 정신적 지향성, 그리고 불심佛心 수행이 집약된 문학에의 열정과 성실성, 불교정신과 불교사상의 시에 대한 이해의 폭 등을 심층적으로 더욱 넓혀주었음은 큰 수확이라 할 것이다. 그리고 불교적 심상과 정서와 시의 본질에 뿌리 내린 진리의 깨달음뿐 아니라 종교적 실상을 표상한 언어 형태와 제재, 시인의 심안心眼, 신령한 사유의 미적 감수성 등도 우리 문학의 값진 소득이라 할 수 있으리라.

인간존재의 진실과 살아감의 규율로써 심오한 진리를 깨우쳐 굳게 닫은 마음을 열어젖히는데 도움이 될 시인의 미적 언어 구현으로 어두운 세상이 실눈이라도 뜰 수 있게 된다면 다행이 되리라 싶어 집중하여 논증해 보았으나 필자의 안목과 분석, 부족한 해석상의 미진은 한두 가지가 아닐 것이다.

탐진치 삼독심 극복과 금강경 사구게 수행을 재구성한 시를 통하여 살펴본 그의 시와 세계인식이 어떤 이상적 이슈issue나 이즘ism, 아니면 초월의 정신보다 더 심오한 진리를 내포하고 있다는 믿음과 함께 그와 같은 불교 수행의 선정삼매禪定三昧와 시와 정신이 합일된 진가와 진미를 반복 강조한다 해도 결코 흠집이 되지 않을 것이다.

더욱이 시인의 불심佛心이 충만한 정관의 육안肉眼으로, 천안天眼으로, 혜안慧眼으로, 법안法眼으로, 불안佛眼으로 이 세상의 생명체와 사물을 사랑으로 포용하고 보살피는 시안詩眼과 내공 용출의 불교적 심상은 우리 시의 깊이와 폭과 넓이를 환하게 밝혀주는 불佛빛이 될 가능성이 짙다는 사실로써 결론을 대신하고자 한다.

〈소예少睿 전선자田善子 연보〉

1948년 전주에서 출생하였고 교육계에 계셨던 아버지를 따라 전주, 익산, 줄포, 남원 등 전근지로 학교를 옮겨 다녔음.

1966년 3월~ 1969년 2월. 개정간호학교(현 군산간호대학) 졸업(간호사, 양호교사 자격취득)하고 1969년 3월~ 1971년 2월. 서울 연세의대 부속 세브란스병원(연세의료원)에서 근무(간호사)하였음.

1971년 5월 무주에 살고 있는 조한준과 결혼하여 슬하에 1남1녀를 둠.

■ 문학활동

1963년 남원여자고등학교 시절, 국어선생님으로부터 시 쓰기 사사받음.

1968년 개정간호학교(현 군산간호대학교) 백일장에서 장원.

1986년 4월「전북 과학의 날 백일장 」최우수상 수상.

1986년 10월「제1회 전북 새마을 가족 백일장」 장원.

1986년 10월 무주여성문학「산글」동인회를 결성, 초대회장이 됨.

1987년 1월부터 매월「전북문학」에 수필을 발표하면서 문학 활동 시작(전북대학교 최승범 문학박사님 추천).

1990년 봄호「시대문학」 수필신인상 수상, 중앙 문단데뷔.

1996년 6월「흔맥문학」 시 신인상 수상.

2000년 12월 한국문인협회 무주지부창립, 초대, 2대(6년) 지부장 역임.

2005년 9월~ 2008년 3월 월간 모던포엠 편집위원과 신인상 심사위원 역임.

2013년 5월 23일~ 30일까지 김환태서거 69주년을 맞이한 「소예 전선자 개인시화전: 숲에는 숲만 있다」를 최북미술관 전시실에서 하였다.

■ 전북여류문학회, 전북불교문학회 회장역임/ 현재 한국문인협회 재정협력위원/ 전북문인협회, 전북시인협회 부회장/ 전북여류문학회, 전북불교문학회, 전북수필, 전북PEN클럽 이사.

한국여성문학인회, 한국수필가협회, 영호남수필문학회, 한국PEN클럽, 전북PEN클럽 회원.

현) 김환태 문학제전위원회 위원장/ 한국문인협회 무주지부 고문 등.

■ 저서

시집: 「그 어디쯤에서 나는」 2006년 7월 '푸른사상'사 간
「달 같은 세상 하나」 2009년 8월 '시와 에세이'사 간

수필집: 「숨겨진 방」 1996년 12월 '신아출판사' 간
「여정은 짧고 길은 멀고」 2012년 12월 '대현사' 간

■ 수상

1993년 무주군민의 장(공익장)/ 1998년 JC가 뽑은 무주군민대상.

1999년 대통령 표창(민주평화통일자문회의 자문위원).

2001년 전북수필문학상/ 2004년 전북여류문학상.

2007년 전북문학상.

국무총리상, 전라북도 도지사상, 무주군수상 외 다수.

■ 사회활동

1986년 4월~ 무주군 여성단체협의회 6년(초대, 2대, 3대)회장 역임

1991년 3월~ 대한주부클럽연합회 무주군지부 6년(초대, 2대)지부장 역임.

1991년 7월~ 민주평화통일자문회의 자문위원 6년(5기,6기,7기) 위원 역임.

1994년 3월~ 고향을 생각하는 주부들의 모임(초대, 2대)회장 역임.

1999년 4월~ 2005년 경제정의실천시민연합 공동위원장 6년 (초대, 2대).

2009년~2016년 무주 향산사 부루나합창단 단장 역임.

2010년 7월~ 2014년 6월 무주군 의회 6대 의원(비례대표), 행정복지위원장.

2010년 7월~ 민주평화통일자문회의 자문위원(14기,15기,16기).

2014년 1월~ 현재 건강관리공단 등급판정위원(A조 위원장).

2014년 7월~ 현재 무주군 반딧불축제 제전위원회 이사, 지킴이.

2015년 1월~ 국립전주박물관 여성 문화유적답사회 회장 역임.

2016년 6월~ 현재 무주군 지역사회복지보장협의체 공동위원장.

2015, 2016, 2017년 김환태평론문학상 심사위원.

전선자 시집

묵언하다

인쇄 2017년 7월 24일
발행 2017년 7월 28일

지은이 전선자
발행인 서정환
펴낸곳 신아출판사
주소 전북 전주시 완산구 공북 1길 16(태평동 251-30)
전화 (063) 275-4000 · 0484 · 6374
팩스 (063) 274-3131
이메일 shina2347@naver.com sina321@hanmail.net
출판등록 제465-1984-000004호
인쇄 · 제본 신아출판사

ISBN 979-11-5605-454-2 03810
값 10,000원

이 도서의 국립중앙도서관 출판예정도서목록(CIP)은 서지정보유통지원시스템 홈페이지(http://seoji.nl.go.kr)와 국가자료공동목록시스템(http://www.nl.go.kr/kolisnet)에서 이용하실 수 있습니다.(CIP제어번호: CIP2017018000)

Printed in KOREA

* 이 사업은 전라북도문화관광재단 지역문화예술 육성지원사원의 지원을 받은 사업입니다.